DER AUTOR: Hans Jürgen Eysenck, 1916 in Berlin geboren, emigrierte aus dem NS-Deutschland erst nach Frankreich, später nach England, wo er lange Zeit als Psychologe an der Universität London gearbeitet hat. 1997 ist er dort gestorben.

Vorbemerkung des deutschen Bearbeiters

Es ist sicherlich amüsant, in einem Buch zunächst einmal nur zu blättern. Bei diesem Buch aber ist das nicht ratsam, jedenfalls dann nicht, wenn Sie einen der Tests ausfüllen und auswerten wollen. Wenn Sie sich vorher einige der Testaufgaben oder der Lösungen angesehen haben, ist es nicht mehr sinnvoll, mit einem der Tests den IQ zu messen, da das Ergebnis durch die vorherige Orientierung über die Aufgaben zu sehr beeinflußt wird.

Lesen Sie auf jeden Fall die Kapitel «So messen Sie Ihren IQ» (S. 34) und «Testanweisung» (S. 38), bevor Sie anfangen, einen Test auszufüllen. Nehmen Sie möglichst einen weichen Bleistift für Ihre Eintragungen, denn dann können Sie die Ergebnisse wieder ausradieren, so daß die Vorlage für mehrere Personen benutzbar bleibt.

Prof. Dr. Hans Jürgen Eysenck

Intelligenz-Test

Deutsch von Edelgard Stöhr
Für die deutsche Ausgabe
neu standardisiert und eingerichtet
von Gerd Stöhr

Wunderlich Taschenbuch

Die Originalausgabe erschien unter dem Titel
«Know Your Own I. Q.» bei Penguin Books Ltd.,
Harmondsworth / Middlesex

Neuausgabe Juli 2004

Veröffentlicht im Rowohlt Taschenbuch Verlag,
Reinbek bei Hamburg, Oktober 1974

Umschlaggestaltung any.way, Barbara Hanke / Cordula Schmidt
Gesamtherstellung Clausen & Bosse, Leck
Printed in Germany
ISBN 3 499 26505 2

Einleitung

Der Intelligenzquotient (IQ) und die Messung der Intelligenz

Von den Griechen der Antike stammt die Maxime: «Erkenne dich selbst!» Wenn Selbsterkenntnis auch nicht immer gar so wertvoll und heilsam ist, wie die Griechen des Altertums und die modernen Psychoanalytiker glauben, so steht doch außer Frage, daß die meisten Menschen großes Interesse daran haben, etwas über ihre Persönlichkeit, ihre Intelligenz, ihre Fähigkeiten oder ihre Komplexe zu erfahren. Ich habe schon häufig vor Nichtpsychologen Vorträge gehalten über die Beschaffenheit und die Messung der Intelligenz. Wie oft mußte ich dabei die Enttäuschung meiner Zuhörer erleben, wenn sie hörten, daß es keinen Intelligenztest gibt, den sie selbst durchführen könnten. Diesem Mißstand soll mein Buch abhelfen. Jeder soll die Möglichkeit erhalten, seinen IQ mit hinreichender Genauigkeit selbst zu messen. Die einzige Voraussetzung dafür ist, daß er die Anweisungen versteht und befolgt. Mag dieses Buch damit einen kleinen Beitrag zur Selbsterkenntnis seiner Leser leisten.

Doch bevor wir in medias res gehen, möchte ich kurz und – wie ich hoffe – dennoch verständlich darauf eingehen, was der IQ eigentlich ist und welche Bedeutung er hat, wo und wie er sinnvoll Verwendung finden kann. Halbwissen sei eine gefährliche Sache, so heißt es immer wieder. Gewiß, dieses Buch macht seinen Besitzer nicht automatisch zu einem Textexperten, ebensowenig wie der Besitz eines Fieberthermometers ihn gleich zum Arzt werden läßt. Dennoch kann es für den einzelnen interessant und unter Umständen sogar höchst wichtig zu wissen sein, ob er Fieber hat oder nicht; und mit Hilfe eines Fieberthermometers kann er das sehr wohl auch als Laie feststellen.

Will man Fragen der Intelligenzmessung erörtern, dann gilt es zunächst einmal, ein weitverbreitetes Mißverständnis auszuräumen. Viele Menschen glauben nämlich, es gebe eine gesicherte wissenschaftliche Theorie der Intelligenz, aus der sich automatisch Regeln zur Konstruktion von Intelligenztests ableiten ließen. Weiterhin hört man immer wieder, daß der praktische Nutzen der Intelligenzmessung, wie sicher das wissenschaftliche Fundament auch immer sei, doch nur gering sein könne;

einmal wegen der Schwierigkeit, Erkenntnisse der Wissenschaft der Allgemeinheit nahezubringen; zum andern, weil die Erkenntnisse der Psychologie sowieso nicht auf die Probleme des täglichen Lebens anwendbar seien. In Wirklichkeit verhält es sich genau umgekehrt. Intelligenztests basieren keineswegs auf stichhaltigen theoretischen Erkenntnissen. Zudem gibt es unter den Experten kaum Übereinstimmung darüber, was denn Intelligenz eigentlich sei. Vor etwa fünfzig Jahren entbrannte eine heftige Diskussion über dieses Thema; heute ist sie nahezu völlig wieder abgeflaut, nicht zuletzt deshalb, weil man begriff, daß dieser Streit um Worte zu keiner vernünftigen Lösung führen konnte. Trotz dieser theoretischen Unsicherheiten sind die Intelligenztests in der Praxis von Anfang an außergewöhnlich erfolgreich gewesen. Wir werden kurz erörtern, was «erfolgreich» in diesem Zusammenhang heißt; die Beweise für diese Behauptung sind allerdings so schlagend, daß uns niemand, der von Intelligenztests nur die geringste Ahnung hat, Übertreibung wird vorwerfen können. Die beiden scheinbar widersprüchlichen Tatsachen, nämlich daß die Intelligenzmessung zwar keine sichere theoretische Fundierung hat, in der Praxis aber sehr erfolgreich ist, bedingen sich in Wirklichkeit teilweise. Der Grund dafür ist einleuchtend: Die ersten Intelligenztests wurden zu Beginn dieses Jahrhunderts entwickelt. Sie leisteten von Anfang an in sehr unterschiedlichen Bereichen ausgezeichnete Arbeit. Es ist daher nicht verwunderlich, daß Psychologen, die sich für Intelligenzmessung interessieren, zu Technologen wurden, nur darauf aus, sich dieser neuen Meßinstrumente zu bedienen und sie zu verbessern. Die Grundlagenforschung geriet dadurch ins Hintertreffen, und zwar so sehr, daß heute noch viele wesentliche Fragen über die Intelligenz unbeantwortet sind. Ein Teil der Schuld daran trifft auch die Allgemeinheit, war sie doch seit je mehr an der sofortigen Verwirklichung technologischer Fortschritte interessiert als an der Forschung. Es war schon immer sehr viel leichter, Geld für Untersuchungen zu erhalten, die auf die Verbesserung oder Abwandlung eines schon vorhandenen Instrumentes abzielten, als für die abstrakte und vielschichtige Grundlagenforschung, die keinen sofortigen Nutzeffekt hat.

Der Leser wird sich vermutlich wundern, daß sinnvolles Testen möglich sein soll auch ohne eine gesicherte theoretische Fundierung. Nehmen wir darum noch einmal unser Beispiel vom Thermometer zu Hilfe. Mit der Beobachtung, daß unsere Sinnesorgane verschiedene Temperaturen unterscheiden können, von kalt über lauwarm bis zu warm und heiß, beginnt die Temperaturmessung. Subjektive Schätzungen der Temperatur sind natürlich nicht sonderlich genau. Ein einfaches Experiment stützt, für jeden nachvollziehbar, diese Behauptung: Man braucht für den Versuch drei Behälter mit Wasser. Das Wasser im ersten Behälter soll eiskalt sein, im zweiten lauwarm und im dritten so heiß, daß man es gerade noch ertragen kann. Nun hält man etwa eine Minute lang die linke Hand ins kalte Wasser und die rechte ins heiße. Bringt man nun beide Hände gleichzeitig in den Behälter mit lauwarmem Wasser, so wird man eine überraschende Feststellung machen: Das lauwarme Wasser empfindet man mit der Hand, die man vorher ins kalte Wasser gehalten hat, als heiß, mit der anderen Hand aber, die man vorher ins heiße Wasser gehalten hat, als kalt. Es zeigt sich also, daß unsere subjektive Temperaturempfindung sehr stark von den unmittelbar vorher gemachten Erfahrungen beeinflußt wird. Darüber hinaus wirken sich auch Temperaturgewohnheiten auf unsere Schätzungen aus, ganz zu schweigen von der verschiedenen Empfindlichkeit. Das Messen der Temperatur beginnt mit einer subjektiven, aber doch realen Empfindung, die man nur in grobe subjektive Einheiten einteilen kann. Dennoch können solche Messungen, die nicht physikalische Einheiten, sondern Reaktionen von Lebewesen zur Grundlage haben, eine erstaunliche Genauigkeit erreichen, wie das Dolbearsche Gesetz zeigt. Dieses Gesetz, das der amerikanische Physiker Amos Emerson Dolbear (1837–1910) im Jahre 1897 formulierte, befaßt sich mit den weißen Baumgrillen (Oecanthus niveus), die in Nordamerika leben und deren Zirpen in der Frequenz von der Außentemperatur abhängig ist. Das Gesetz Dolbears lautet: Wenn man die Anzahl der Zirplaute zählt, die dieses Tier in fünfzehn Sekunden hervorbringt und die Zahl 40 addiert, so erhält man die zu diesem Zeitpunkt herrschende Temperatur in Grad Fahrenheit.

Nun sind weiße Baumgrillen recht seltene Tiere und außerdem schwer zu fangen. Es ist auch nicht leicht, sie in das allgemeine System physikalischer Gesetze, auf dem unser Maßsystem beruht, zu integrieren. Deshalb sind sie für die Temperaturmessung denkbar ungeeignet. Die Erfindung des Thermometers stellte also in der Tat einen großen Fortschritt dar, der auch allgemeine Anerkennung fand. Man brauchte sich nicht mehr damit zu begnügen, die Temperatur nach den subjektiven Empfindungen grob einzuteilen, sondern konnte die temperaturabhängige Dehnbarkeit verschiedener Materialien zu wesentlich genaueren Messungen nutzen.

An dieser Stelle müssen wir uns eine wichtige Tatsache ins Gedächtnis zurückrufen. Zwischen den Messungen, die wir mit einem Thermometer vornehmen, und den jeweiligen subjektiven Temperaturschätzungen gibt es keine hundertprozentige Übereinstimmung. Wollten wir nun die Messung mit dem Thermometer als Test ansehen und unser subjektives Empfinden als Kriterium, an dem die Gültigkeit des Tests (des Thermometers) gemessen werden soll, so sähen wir bald, daß der Test viel zu wünschen übrigläßt. Beim Thermometer erkennen wir natürlich sofort, daß der Mangel an Übereinstimmung einem fehlerhaften Kriterium zu-

zuschreiben ist, d. h. Irrtümern und Ungenauigkeiten unseres subjektiven Urteils, nicht aber einem fehlerhaften Test. Ganz ähnlich verhielte es sich, wollten wir das Ergebnis eines Intelligenztests an unserem Urteil über die Intelligenz eines Menschen überprüfen. Man kann die Diskrepanz zwischen Testergebnis und unserem subjektiven Urteil natürlich dem Test anlasten, doch sehr plausibel ist das nicht. Es empfiehlt sich vielmehr, den Fehler (die Ursache der Diskrepanz zwischen Testergebnis und privater Einschätzung) beim eignen mangelhaften Urteilsvermögen zu suchen. Oder haben Sie schon mal erlebt, daß zwei Menschen die Intelligenz eines dritten vollkommen gleich beurteilen?

An unserem Beispiel ist ein weiterer Punkt beachtenswert. Zu der Zeit, als das Thermometer erfunden wurde, gab es noch keine physikalische Wärmelehre. Sie entwickelte sich vielmehr erst aus den Resultaten, die durch den Einsatz des Thermometers und anderer Meßinstrumente erzielt wurden. Ich möchte vor allem denjenigen, die mit sturer Beharrlichkeit behaupten, Intelligenztests könne man erst entwickeln, wenn eine gesicherte theoretische Basis existiere, empfehlen, sich das Beispiel des Thermometers immer wieder vor Augen zu halten. Diejenigen, die fordern, man dürfe ein neues Instrument erst nach der Entwicklung einer stichhaltigen Theorie verwenden, zeigen schlicht und einfach, daß sie das Wesen wissenschaftlicher Forschung überhaupt nicht erfaßt haben. In den empirischen Wissenschaften verhält es sich grundsätzlich so, daß erst am Ende einer langen Reihe von Untersuchungen, die von neuen Entdeckungen und neuen Meßinstrumenten ausgehen, als Endprodukt eine allumfassende Theorie steht, gewissermaßen als Krönung.

So hat uns auch der Einsatz der Intelligenztests zweifellos dem Ziel näher gebracht, die Bedingungen und das Wesen geistiger Prozesse zu verstehen; und ohne Frage wird sich diese Entwicklung fortsetzen. Mit Recht beklagen könnte man hingegen, daß sich die Psychologen bislang zu wenig um die Entwicklung der Theorie der Intelligenz gekümmert haben, jedenfalls wenn man bedenkt, wie sehr ihnen die kommerzielle Nutzung der Tests am Herzen lag.

Die ersten Intelligenztests wurden in den letzten Jahrzehnten des vorigen Jahrhunderts entwickelt, kurz nachdem sich die moderne Psychologie als selbständiges Fach etabliert hatte. Sie ist bekanntlich das Kind zweier sehr unterschiedlicher Eltern; einmal der Philosophie, die viele der ersten Problemstellungen lieferte, zum andern der Physiologie, die die ersten Methoden bereitstellte. Die Philosophie war zu allen Zeiten an den kognitiven Fähigkeiten des menschlichen Geistes interessiert, den Fähigkeiten also, die bei geistiger Tätigkeit, beim Denken und bei der Wahrnehmung eine Rolle spielen. Die früheren Psychologen hielten es für denkbar, daß unterschiedliche intellektuelle Leistungsfähigkeit auf unterschiedliche Geschwindigkeit der Impulsfortpflanzung in den Nervenbahnen zurückgeführt werden könne.

Auf verschiedenen Wegen versuchte man Klarheit zu gewinnen. Man maß z. B. die Dauer der Reflexzeit beim Patellarsehnenreflex, d. h. die Zeit, die verstreicht, bis der Unterschenkel hochschnellt, wenn man mit einem Gummihammer gegen eine bestimmte Stelle unterhalb der Kniescheibe schlägt. Diese Untersuchungen führten zu keinem Erfolg. Entweder gibt es keine derartigen Unterschiede in der Impulsfortpflanzung der Nervenbahnen, die eine Unterscheidung zwischen hochintelligenten Menschen und Geistesschwachen ermöglichen würden, oder aber die damals angewandten Methoden waren nicht subtil genug. Auch das Wiegen und Sezieren der Gehirne sehr kluger und sehr dummer Menschen erbrachte nichts. Die Unterschiede waren nur gering und darüber hinaus so schwer faßbar, daß man auch diese Untersuchungen als wenig erfolgversprechend aufgab.

Schließlich fand der französische Psychologe Binet die richtige Methode, die uns rückblickend als die einzig gegebene erscheint. Er kam nämlich zu der Einsicht, daß geistige Fähigkeiten und Funktionen mit Tests gemessen werden könnten, wenn sie nur diese Fähigkeiten und Funktionen eindeutig erfaßten. Als das französische Unterrichtsministerium im Jahre 1904 in Paris einen Ausschuß einsetzte und mit der Aufgabe betraute, Erziehungsmethoden für geistig zurückgebliebene Kinder an Pariser Schulen zu untersuchen, entwickelte Binet zu diesem Zweck seine erste «Skala». Er entwarf eine Serie von dreißig Aufgaben, mit denen Urteilsfähigkeit, Verständnis und logische Denkfähigkeit gemessen werden sollten. Die Aufgaben waren so abgefaßt, daß sie ohne Schulwissen verstanden und auch gelöst werden konnten. Ein Beispiel: Dem Kind wird eine Karte vorgelegt, auf die ein nicht ganz geschlossener Kreis gezeichnet ist; dann bekommt es einen Bleistift und erhält folgende Anweisung: «Dies hier soll ein Garten sein, die offene Stelle ist das Gartentor. Du hast in diesem Garten deinen Ball verloren. Zeichne mir nun bitte auf, wie du nach deinem Ball suchen würdest.» Bei dieser Aufgabe wird jedes systematische Suchen, sei es nun in immer größer oder kleiner werdenden Kreisen, sei es in parallel laufenden Linien, als richtige Lösung gewertet.

Der Schwierigkeitsgrad der Aufgaben Binets war sehr unterschiedlich. Binet brachte seine Aufgaben in eine Reihenfolge, die mit der leichtesten Aufgabe begann und mit der schwersten endete. Als Maßstab für die Schwierigkeit einer Aufgabe nahm er den Prozentsatz richtiger Lösungen, den Kinder verschiedenen Alters erreicht hatten. Diese Arbeitsweise führte ihn schließlich zu dem Begriff des Intelligenzalters. Er ordnete dem Niveau der Dreijährigen alle Aufgaben zu, die normalerweise von Dreijährigen gelöst werden, dem Niveau der Vierjährigen alle die Aufgaben, die normalerweise von Vierjährigen gelöst werden usw. Diese Skala gab ihm die Möglichkeit, für jedes Kind, das sich dem Test unterzog, das Intelligenzalter zu bestimmen; der schwerste erfolgreich absolvierte Test diente als Bewertungsmaßstab. So erhielt ein Kind, das den Test für Achtjährige noch schaffte, im Test für Neunjährige aber versagte, ein Intelligenzalter von acht Jahren, ohne Rücksicht auf sein tatsächliches Alter. Natürlich können die darüber hinaus gelösten Aufgaben auch noch bewertet werden. So hätte beispielsweise ein Kind, das alle Aufgaben für Achtjährige und die Hälfte der Aufgaben für Neunjährige gelöst hat, ein Intelligenzalter von achteinhalb.

Die ersten Psychologen, die den Binet-Test benutzten, drückten die Intelligenz eines Kindes durch die Differenz zwischen dem Lebensalter und dem Intelligenzalter aus. Das bedeutet, daß ein zehnjähriges Kind mit der Intelligenz eines Achtjährigen um zwei Jahre zurückgeblieben ist, während ein Kind von sechs Jahren mit der Intelligenz eines Neunjährigen um drei Jahre voraus ist. Zwei Gründe sprechen jedoch gegen diese Methode, geistige Über- oder Unterlegenheit zu diagnostizieren – zwei Gründe, die miteinander zusammenhängen:

Wenn ein Kind von zwei Jahren ein um zwei Jahre höheres Intelligenzalter hat, so ist das eine bemerkenswerte Leistung. So etwas kommt sehr selten vor: Nur ein Kind von etwa 50 000 kann eine solche Leistung vollbringen. Mit vierzehn oder fünfzehn ein um zwei Jahre höheres Intelligenzalter zu haben, ist jedoch kaum der Erwähnung wert und bedeutet auch nicht viel. Die Notwendigkeit eines einheitlichen Maßstabes wird jedermann einleuchten.

Wer häufig Kinder testet, wird außerdem feststellen, daß es mit zunehmendem Alter viel häufiger vorkommt, daß jemand ein höheres oder auch niedrigeres Intelligenzalter als das tatsächliche Lebensalter aufweist. Ein zweijähriges Kind, das ein Intelligenzalter von vier Jahren hat, wäre vergleichbar einem Achtjährigen mit einem Intelligenzalter von sechzehn Jahren.

Wirklich konstant bleibt das *Verhältnis* von Intelligenzalter zu Lebensalter und nicht die *Differenz*. Dieses Verhältnis (gewöhnlich mit hundert multipliziert, um Dezimalbrüche zu vermeiden) wird Quotienten-IQ genannt. Stellen wir uns doch einmal zwei Kinder vor, die beide das Intelligenzalter von acht haben. Das eine ist sechs Jahre alt, sein IQ wäre demzufolge 133, das andere ist zwölf Jahre alt, sein IQ betrüge dann 67. Der Quotienten-IQ hat sehr bald große Popularität erlangt, und trotz seiner vielen Unzulänglichkeiten ist er auch heute noch der bekannteste psychologische Begriff bei Lehrern, Psychiatern, Sozialarbeitern und anderen, die irgendwie mit der Psychologie zu tun haben.

Welche Bedeutung hat der Intelligenzquotient im sozialen Bereich? Wie viele Menschen gibt es, die etwa einen IQ von 140 haben oder von 80? In den meisten heute verwandten Intelligenztests liegt der IQ von 50 Prozent der Bevölkerung im Bereich von 90 bis 110, 25 Prozent liegen darüber und 25 Prozent darunter. (Der IQ von 100 ist per definitionem der durchschnittliche IQ der Bevölkerung.) Oberhalb der großen Mittelgruppe haben ungefähr 16 Prozent einen IQ zwischen 110 und 120, sieben Prozent einen IQ zwischen 120 und 130, zwei Prozent einen IQ über 130, davon weniger als 0,5 Prozent einen IQ über 140. Über den Daumen gepeilt, sollten Kinder, die aufs Gymnasium gehen wollen, einen IQ von mindestens 115 aufweisen, bei Studenten sollte er mindestens 125 betragen. Um ein Examen mit Auszeichnung zu machen, muß ein Student einen IQ von mindestens 135 haben.

Wenden wir uns nun dem Teil unter dem Mittelbereich zu. Dort finden wir das gleiche Bild. Sechzehn Prozent haben einen IQ zwischen 80 und 90, sieben Prozent zwischen 70 und 80, der Rest hat einen IQ unterhalb dieser Grenze. Natürlich ist diese vollkommene Symmetrie in den Prozentzahlen unterhalb und oberhalb des Hauptfeldes ein bißchen idealisiert. Einige Krankheiten wirken sich negativ auf die Intelligenz aus und erhöhen die Zahl der Menschen mit sehr niedrigem IQ. Diese Gruppe haben wir aber in unsere schematische Darstellung nicht mit einbezogen.

Menschen mit einem IQ unter 70 werden in Lehrbüchern manchmal als schwachsinnig bezeichnet. Diese Gruppe kann man noch unterteilen in Debile mit einem IQ zwischen 70 und 50, in Imbezile mit einem IQ zwischen 50 und 25 und in Idioten mit einem IQ unter 25. Der Debile, so sagt man, kann noch praktische Arbeiten erlernen und unter Aufsicht durchführen. Der Imbezile muß in einer Anstalt leben, kann sich jedoch in bezug auf einfache persönliche Bedürfnisse selbst versorgen und Gefahren meiden. Der Idiot kann nicht einmal mehr das. Man stellt jedoch die Diagnose «Schwachsinn» nicht auf Grund eines einzelnen Intelligenztests, sondern verwendet umfassendere Kriterien. Auf keinen Fall darf man Schwachsinn mit einem Mangel an Intelligenz gleichsetzen. Wenn die Insassen einer Irrenanstalt getestet werden, erreichen manche einen IQ von 125. Obwohl dies vielfach auf Fehler in der Testdurchführung zurückgeführt werden kann – das Testen wurde in der Vergangenheit gewöhnlich von Amtsärzten durchgeführt, die mit der Handhabung eines Tests nicht sehr vertraut waren und noch weniger mit der Auswertung der Ergebnisse –, so bleibt doch die Tatsache bestehen, daß Geistesschwäche, so wie sie das Gesetz definiert, nur sehr oberflächlich etwas mit der Intelligenz zu tun hat.

Wir erwarten, daß Intelligenztests bei Angehörigen verschiedener Berufszweige Unterschiede in den geistigen Fähigkeiten zeigen, entsprechend den geistigen Anforderungen dieser Berufe. Solche Untersuchungen wurden vielfach durchgeführt, und die folgende Tabelle zeigt einige Ergebnisse, nämlich die Intelligenzquotienten von Menschen aus acht verschiedenen Berufsschichten. Sie erscheinen in der Spalte «IQ der Eltern». (Es gibt eine ähnliche Aufstellung für Kinder. Das heißt aber nicht, daß es die Kinder der getesteten Eltern sind, sondern lediglich, daß die Eltern der getesteten Kinder derselben sozialen Schicht entstammen.)

Die durchschnittlichen Intelligenzquotienten
in acht verschiedenen Berufsgruppen (Nach einer Tabelle von Cyril Burt)

Berufsgruppe	*IQ*	
	Eltern	*Kinder*
1. Höhere Verwaltungsberufe und Akademiker	153	120
2. Übrige Verwaltungsberufe, Techniker und leitende Angestellte	132	115
3. Angestellte, hochqualifizierte Facharbeiter	117	110
4. Gelernte Berufe, Handwerker	109	105
5. Angelernte Arbeiter	98	97
6. Ungelernte Arbeiter	87	92
7. Gelegenheitsarbeiter	82	89
8. Anstaltsinsassen	57	67

Wir beschäftigen uns hier nur mit den Werten für die Eltern. Auf die Tatsache, daß die Intelligenzquotienten der Kinder systematische Unterschiede zu den Intelligenzquotienten der Eltern zeigen, werden wir später noch eingehen. Man kann an dieser Aufstellung erkennen, daß die Intelligenzquotienten gleichförmig mit dem Absinken des sozialen Status im beruflichen Bereich geringer werden, in Gruppe 1 also am höchsten sind, in Gruppe 8 am niedrigsten. Die vorliegenden Zahlen sind natürlich nur Durchschnittswerte der entsprechenden Gruppe, es gibt erhebliche Überschneidungen bei den einzelnen Gruppen. Ein sehr intelligenter Straßenkehrer wird zweifellos einen höheren IQ erhalten als ein äußerst dummer Rechtsanwalt, ein intelligenter Vagabund einen höheren als ein dummer Mediziner, ein intelligenter Kanalarbeiter einen höheren als ein dummer Offizier. Die Beziehung zwischen Intelligenz und Sozialstatus ist zwar offenkundig, aber bei weitem nicht hundertprozentig. Wenn man die Intelligenz einer Person auf Grund ihres Berufes vorhersagen will, so träfe man vielleicht häufiger ins Schwarze, als versuchte man dies ohne alle Anhaltspunkte, aber man träfe doch noch so oft daneben, daß ein solches Unterfangen nicht der Mühe wert scheint.

Soviel zur Verteilung der Intelligenz und ihrer Bedeutung für Beruf und sozialen Status.

Zu untersuchen wären nun die Schwierigkeiten, die aus dem Begriff IQ erwachsen. Da ist einmal das *Problem der Konstanz*. Es liegt auf der Hand, daß man den IQ auf zweierlei Art verwenden kann. So können wir einmal sagen: Hier sind zwei Kinder, welches von ihnen hat den höheren IQ und ist deshalb besser geeignet, diese schwierige Arbeit zu verrichten? Dabei benützen wir den IQ zum Messen einer augenblicklichen Fähigkeit, ohne Rücksicht auf die zukünftige Entwicklung. Wir können aus dem IQ aber auch weitergehende Schlüsse ziehen. Wenn wir uns beispielsweise fragen, welches von zwei Kindern den höheren IQ hat, um es dann auf die höhere Schule gehen zu lassen, während das andere Kind in der Volksschule bleiben soll, so betrachten wir den IQ als ein ziemlich unveränderliches Charakteristikum des Kindes. Von dem Kind, das zum Zeitpunkt des Testens intelligenter ist, nehmen wir an, daß es auch sein ganzes weiteres Leben lang intelligenter bleiben wird. Wenn wir diese Annahme machen – und sie liegt jeder Art von Aufnahmeprüfung zugrunde –, so müssen wir beweisen können, daß der IQ im Laufe der Jahre einigermaßen konstant bleibt, also daß z. B. ein Kind, das bei der Aufnahmeprüfung einen IQ von 120 hat, die Schule nicht mit einem IQ von 80 verläßt.

Das Problem, die Konstanz des IQ festzustellen, ist sehr komplex, aber letztlich läuft es darauf hinaus, den IQ eines Kindes in verschiedenen Lebensabschnitten zu bestimmen und diese Intelligenzquotienten miteinander zu vergleichen. Dieser Vergleich wird durch verschiedene Faktoren beeinflußt. Zunächst ist der Zeitpunkt des ersten Testens von Bedeutung. Die Intelligenzquotienten, die man in den ersten Lebensjahren erhält, sind praktisch wertlos. Das gilt im großen und ganzen für das gesamte Vorschulalter. In diesem Alter sind Intelligenztests nur von Wert zur Feststellung geistiger Defekte. Die Beziehungen zwischen zwei Reihen von Veränderlichen (Variablenreihen) werden in der Wissenschaft gewöhnlich durch einen Korrelationskoeffizienten ausgedrückt, der bei völliger Übereinstimmung 1 beträgt und zu 0 wird, wenn es keinerlei systematische Übereinstimmung gibt. Vergleicht man den IQ von Kindern im Alter von vier Jahren mit ihrem IQ, den sie als Erwachsene haben, so ist die Korrelation sehr niedrig, nahe bei Null, so daß Voraussagen zu einem so frühen Zeitpunkt unmöglich sind. Erst von einem Alter von sechs Jahren an kann man Ergebnissen von Intelligenztests überhaupt Bedeutung beimessen, und auch dann sollte man keinesfalls vorschnell Konsequenzen aus dem Ergebnis ziehen.

Weiterhin spielt die Tatsache eine große Rolle, daß sich die Übereinstimmung zwischen dem ersten und dem zweiten Test verringert, je mehr Zeit zwischen ihnen liegt; die Korrelationskoeffizienten werden entsprechend kleiner. Es scheint dabei eine gesetzmäßige Beziehung zu bestehen. Wenn das Intervall zwischen dem ersten und dem zweiten Test gering ist, etwa nur eine Woche, dann beträgt der Korrelationskoeffizient 0,95. Jedes Jahr, das sich dazwischenschiebt, verringert den Korrelationskoeffizienten um ca. 0,04; diese Entwicklung hält ungefähr bis zum sechzehnten Lebensjahr an.

Dieses führt uns zu einer dritten wichtigen Frage, nämlich der nach der oberen Grenze des Intelligenzalters. Wenn ein Mensch erwachsen ist, hat sich sein IQ in sehr beträchtlichem Ausmaß stabilisiert. Er wird sich auch vermutlich nicht mehr sehr ändern, es sei denn, durch einen Unfall oder eine Krankheit, die die Intelligenzleistung beeinflussen. Deshalb wird die Korrelation zwischen dem ersten und dem zweiten Test, wenn beide nach dem Alter von zwanzig Jahren gegeben werden, immer mindestens 0,80 betragen, gleichgültig, wieviel Zeit dazwischen liegt.

Verfechter von Aufnahmeprüfungen verteidigen Positionen, die nicht hinreichend abgesichert sind. Die Anhänger des gegenwärtigen Verfahrens * gehen fehl in der Annahme, der IQ eines Elfjährigen sei schon festgelegt für alle Zeiten. Es können ohne Zweifel noch deutliche Veränderungen auftreten, und bei einigen Kindern sind diese Änderungen in der Tat beträchtlich. Aber auch diejenigen, die die Aufnahmeprüfung kategorisch ablehnen, weil sie meinen, der IQ eines elfjährigen Kindes sei noch nicht hinreichend festgelegt, argumentieren oft zu kraß. Vorhersagen in diesem Alter sind zwar nicht absolut zuverlässig, aber doch möglich, zum Teil mit solcher Genauigkeit, wie es sich ein Uneingeweihter nicht vorstellen kann. Wie so häufig bei solchen Streitfragen, basieren die Argumente beider Parteien eher auf Vorurteilen als auf gesicherten Erkenntnissen.

Wenden wir uns nun wieder unserem Problem zu, das ich zu Beginn dieses Kapitels bereits kurz angesprochen habe. Es geht um die Frage, wie es möglich und sinnvoll sein kann, Tests auch ohne fundierte theoretische Basis anzuwenden. Wir sprachen vorhin schon kurz über die beiden Möglichkeiten des Vergleichs von Testwerten; einmal der Vergleich zweier Testwerte ein und desselben Probanden zu verschiedenen Zeitpunkten, zum andern der Vergleich der Testwerte zweier Probanden. Unsere Tests verwenden grundsätzlich die zweite Möglichkeit. Es ist aber nicht gesagt, daß eine Testaufgabe, die dazu taugt, den Probanden A mit dem Proban-

* Es geht hier um das englische Schulsystem.

den B zu vergleichen, sich zwangsläufig auch zu einer Vorhersage von Testergebnissen über einen Zeitraum von etwa zehn Jahren eignet.

Es gibt ein paar Längsschnittuntersuchungen an kleinen Gruppen, in denen die Probanden von der Kindheit bis ins Erwachsenenalter immer wieder mit Intelligenztests getestet wurden. In diesen Untersuchungen wurden sämtliche Aufgaben der Tests geprüft, einmal unter dem Aspekt, wie gut sie künftige Testergebnisse vorhersagen konnten, und zum zweiten, wie brauchbar sie für die Intelligenzmessung bei Kindern waren. Es zeigte sich, daß Intelligenztests sich nur in geringem Maße für beide Möglichkeiten zugleich verwenden lassen. Eine Aufgabe, die dazu taugt, die Intelligenz bei Kindern zu messen, kann durchaus auch zur Vorhersage einer künftigen Testleistung geeignet sein, das ist aber längst nicht immer der Fall. Um unsere Intelligenztests zu Instrumenten zu machen, die uns sowohl ein Maß für die derzeitige als auch für die zukünftige Intelligenzleistung geben, bedarf es noch vieler weiterer Untersuchungen.

Um Prüfungen wie die Aufnahmeprüfung zum Gymnasium *, bei der ja sowohl über die gegenwärtige als auch über die zukünftige Leistungsfähigkeit eine Aussage gemacht werden soll, sinnvoll zu gestalten, brauchen wir völlig neu konzipierte Tests, die genauere Vorhersagen ermöglichen als unsere jetzigen. Aber soviel ich weiß, gibt es keine solchen Untersuchungen, und es wird auch nur wenig getan, um die bestehenden Tests in dieser Beziehung zu verbessern. Solange jedoch auf diesem Gebiet keine nennenswerte Forschung betrieben wird, solange werden wir viele Fragen nicht lösen können. Die Frage etwa, warum der IQ mancher Kinder ansteigt, warum er bei anderen wiederum absinkt; wie man diese Änderungen im voraus erkennen kann; was wir unternehmen können, um das Ansteigen des IQ eines Kindes zu beschleunigen, ein Abfallen aber zu verhindern.

Verlassen wir jetzt das Problem der Konstanz des IQ. Nehmen wir einmal an, der IQ bleibe unter bestimmten, genau festgelegten Bedingungen einigermaßen konstant. In diesem Fall stellt sich der Messung des IQ von Jugendlichen und Erwachsenen eine neue besondere Schwierigkeit entgegen. Der Anstieg und Abfall der geistigen Leistungsfähigkeit in bestimmten Altersstufen ist von vielen Psychologen untersucht worden. Die Ergebnisse zeigt Abbildung 1. Von der Geburt bis zum zwölften Lebensjahr etwa steigt die Intelligenz zunächst rapide an. Dieser Anstieg verlangsamt sich dann, bis die Intelligenz etwa mit fünfzehn Jahren einen Höhepunkt erreicht hat. Sie bleibt nun einige Jahre lang auf diesem Ni-

* Eysenck spricht hier von der Eleven-Plus Examination, die ungefähr der bei uns früher üblichen Aufnahmeprüfung zum Gymnasium entspricht. (Anm. d. Übers.)

veau, um dann wieder abzusinken. Der eben skizzierte Verlauf ergibt sich, wenn wir den Durchschnitt betrachten, aber diese Betrachtungsweise kann uns unter Umständen sehr in die Irre führen.

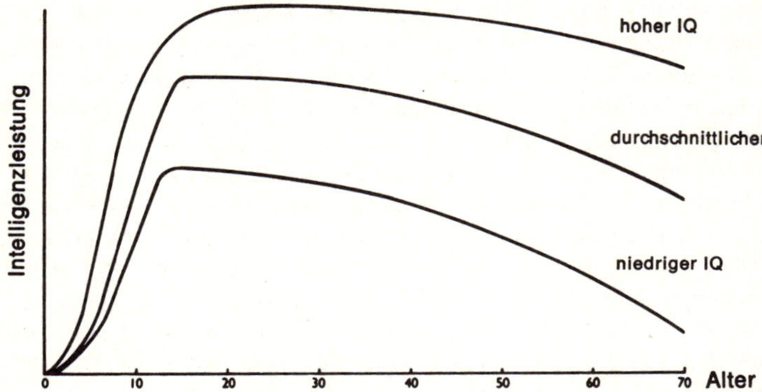

Abbildung 1 Anstieg und Abfall der Intelligenzleistung mit dem Alter bei Menschen mit niedrigem, durchschnittlichem und hohem IQ.

Bei Personen mit geringer Intelligenz – d. h. mit einem IQ von 80 und darunter – hört der Anstieg des IQ eher auf, der Abfall setzt früher ein und zeigt insgesamt ein stärkeres Gefälle als der der großen Mittelgruppe, die einen IQ zwischen 90 und 110 aufweist. Umgekehrt dauert bei der Gruppe mit einem hohen IQ, also von 120 und darüber, der Anstieg länger, und der Abstieg erfolgt langsamer. Es zeigt sich, daß die Intelligenz nur zwischen dem sechsten und dem zwölften Lebensjahr linear ansteigt. Daraus folgt, daß wir bei einer Person, die älter als zwölf – allenfalls fünfzehn – Jahre ist, den IQ nicht genau berechnen können. Zum besseren Verständnis wollen wir uns einmal einen durchschnittlich begabten Menschen vorstellen, dessen Lebensalter und Intelligenzalter jeweils fünfzehn Jahre betragen, dessen IQ also 100 ist. Wie Abbildung 1 zeigt, wird seine Intelligenz nicht mehr wachsen, sein Intelligenzalter also ungefähr auf dem Stand von fünfzehn Jahren bleiben. Sein Lebensalter aber nimmt ständig zu, so daß er mit dreißig Jahren immer noch ein Intelligenzalter von fünfzehn Jahren hätte, d. h. einen IQ von 50. Mit sechzig Jahren, zu einem Zeitpunkt also, in dem seine Intelligenz abnimmt, das Lebensalter aber ständig weiter ansteigt, hätte er dann noch einen IQ von 20. Das ist natürlich unsinnig, und die Definition des IQ als das Verhältnis von Intelligenzalter zu Lebensalter ist bei Personen, die älter als fünfzehn Jahre sind, nicht mehr brauchbar.

Um aus dieser Schwierigkeit herauszukommen, bedienen wir uns einer anderen Art, den IQ zu berechnen. Wie bisher geben wir den Probanden einen Intelligenztest und zählen die Anzahl richtiger Antworten, die jeder gegeben hat. Dann errechnen wir, wie viele richtige Antworten im Durchschnitt gegeben worden sind, und messen diesem durchschnittlichen IQ den Wert 100 zu. Mit einem ähnlichen Verfahren errechnen wir, zwischen welchen Grenzen 50 Prozent aller Ergebnisse liegen, und setzen für diese Grenzen die Intelligenzquotienten von 90 und 110 fest. So passen wir die Verteilung der Punktwerte der bekannten Verteilung des IQ an, bis wir jedes Testergebnis als einen individuellen IQ-Wert ausdrücken können. Die Bestimmung des IQ bei einem Erwachsenen ist deshalb ein indirektes Verfahren; und eigentlich sagen wir, daß er diesen IQ erhielte, wenn man das Konzept des IQ auf sein Alter anwenden könnte. Es gibt natürlich bessere statistische Methoden, die relativen Fähigkeiten eines Menschen auszudrücken. Das Konzept des IQ ist jedoch so allgemein bekannt und wird auch in seiner Bedeutung von Laien so gut verstanden, daß man wahrscheinlich mehr verlöre als man gewönne, gäbe man die jetzige rein statistische Form des IQ auf.

Wir müssen uns nun der Frage der Validität (Gültigkeit) des IQ als Maß für die Intelligenz zuwenden: Unter Laien ist die Verständigung darüber, was die Intelligenz sei bzw. was als klarer Beweis für ihr Vorhandensein angesehen werden könne, noch geringer als unter den Fachleuten. Etwas überspitzt könnte man das so ausdrücken: Wenn es ein befriedigendes Kriterium dafür gäbe, was Intelligenz ist und wie sie festgestellt werden kann, dann wären Intelligenztests wohl gänzlich überflüssig. Wie dem auch sei, einer Aussage können sicherlich alle ihre Zustimmung geben: Personen mit hoher Intelligenz können bei annähernder Gleichheit der sonstigen Fähigkeiten geistige Aufgaben besser lösen als Menschen mit niedriger Intelligenz. Dazu gehören Aufgaben, bei denen der Proband neue, voneinander abhängige Fakten und Prinzipien auf neue Situationen anwenden, neue Beziehungen zwischen bekannten Fakten entdecken oder herstellen muß.

Schulen und Universitäten versuchen – zwar nicht ausschließlich, aber doch mehr oder weniger –, Schüler und Studenten in Wissensgebiete einzuführen, die solche Fähigkeiten erfordern, wobei in Prüfungen gemessen werden soll, wie gut die Entwicklung dieser Fähigkeiten gelungen ist. Es gibt natürlich keinen Zweifel, daß noch viele andere Faktoren außer der geistigen Leistungsfähigkeit den Prüfungserfolg beeinflussen. Auch sollte man nicht allzu enge Beziehungen zwischen Erfolg an der Schule oder der Universität einerseits und dem IQ andererseits erwarten. Sollte sich jedoch gar keine Beziehung finden lassen, dann ist dem Wert unserer Tests gegenüber Mißtrauen angebracht.

Die Ergebnisse einer langen Reihe sorgfältig durchgeführter Untersuchungen stützen die Annahme, daß die Resultate von Intelligenztests ein erstaunliches Maß an Übereinstimmung mit dem Erfolg eines Kindes in der Schule und mit dem Erfolg eines Studenten an der Universität aufweisen. Natürlich müssen die Tests richtig konstruiert, angewandt und ausgewertet worden sein. Studenten, die das Examen mit Auszeichnung bestanden, hatten bei ihrer Immatrikulation in der Regel einen um 10 Punkte höheren IQ als Studenten, die das Examen mit einer schlechteren Note bestanden. Studenten, die ihr Examen überhaupt bestanden, wiesen gewöhnlich einen um 15 Punkte höheren IQ auf als Studenten, die keinen akademischen Grad erlangen konnten. Diese offensichtliche enge Verbindung zwischen IQ und Erfolg an der Universität überrascht, wenn man bedenkt, daß die Streuung der Leistungen aller Studenten doch relativ gering ist, weil die Universitäten ziemlich harte Auswahlmethoden anwenden.* Die IQ-Unterschiede zwischen den Studenten sind daher ziemlich gering, was zuverlässige Vorhersagen zusätzlich erschwert. Die hohen Korrelationen, die unter diesen Bedingungen erzielt werden, beweisen den Wert eines Intelligenztests bei der Messung der intellektuellen Leistungsfähigkeit. Diesen Erfolg sollte man mit den zahlreichen Fehlurteilen vergleichen, die bei der sonst üblichen Methode – Auslese durch ein einmaliges Gespräch – zustande kommen. Immer wieder zeigt es sich, daß zwischen akademischem Erfolg und Voraussagen durch Prüfer – auch solchen mit viel Erfahrung –, wenn sie keinen Intelligenztest zu Hilfe nehmen, praktisch keine Beziehung besteht. Offenbar messen die Intelligenztests erfolgreich etwas ganz Entscheidendes auf diesem Gebiet, etwas, das sogar erfahrene Prüfer nicht erkennen können, wie sehr sie auch im Laufe vieler Jahre ihre subjektive Urteilsfähigkeit vervollkommnet haben mögen.

Oft wird behauptet, die Meinung, die ein Klassenlehrer von der Intelligenz eines Schülers habe, sei von größerer Bedeutung als irgendwelche Prüfungsergebnisse. Und die Korrelationen zwischen den Schätzungen der Lehrer und den Ergebnissen von Intelligenztests haben sich auch als ziemlich hoch erwiesen. Es ist aber interessant, in welchen Punkten die Übereinstimmung fehlt, in welchen Punkten also die Ergebnisse eines Intelligenztests und die Einschätzung durch den Klassenlehrer oder auf Grund der Prüfungsergebnisse voneinander abweichen. Gewöhnlich stellt sich heraus, daß der eine oder andere der folgenden Faktoren dafür verantwortlich ist:

* In Großbritannien werden an den Universitäten sehr strenge Aufnahmeprüfungen durchgeführt. Die Verhältnisse in der BRD sind damit nur bedingt vergleichbar. Doch auch bei uns ist ja das Abitur keine unerhebliche Hürde. Die Aussagen können daher — mit allen Vorbehalten — auch für die deutschen Studenten gelten. (Anm. d. Übers.)

1. Das Urteil des Lehrers über die Intelligenz eines Schülers wird allzu sehr von Fähigkeit und Interesse des Schülers in dem Fach beeinflußt, das der Lehrer unterrichtet. Zum Beweis reicht das Experiment, mehrere Lehrer zu bitten, die Intelligenz einiger Schüler zu beurteilen. Hans etwa wird von seinem Deutschlehrer als sehr intelligent beurteilt, weil Hans sich gern mit Sprache und Literatur beschäftigt und auch recht gute Erfolge damit erzielt hat. Sein Mathematiklehrer dagegen stuft ihn niedrig ein, weil Hans Mathematik verabscheut und auch nicht gut mit Zahlen umgehen kann. Bei Karl verhält es sich vielleicht genau umgekehrt, obwohl er den gleichen IQ hat wie Hans. Er wird von seinem Mathematiklehrer hoch und von seinem Deutschlehrer niedrig eingestuft, weil er gut mit Zahlen umgehen kann, aber sich nur unbeholfen auszudrücken versteht. Der Test wird durch solche, für die Intelligenz irrelevanten subjektiven Einflüsse nicht berührt. Die mit Tests erzielten Ergebnisse stimmen auch mit den Einschätzungen mehrerer Lehrer besser überein als die Schätzungen der einzelnen Lehrer untereinander. Die höchsten Korrelationen ergeben sich beim Vergleich von Ergebnissen eines Intelligenztests mit den Einschätzungen einer ganzen Gruppe von Lehrern; denn die individuellen Bevorzugungen und Benachteiligungen heben sich dann mit einiger Wahrscheinlichkeit gegenseitig auf.
2. Ein Schüler oder ein Student kann durch ein Examen fallen, nicht weil es ihm an Intelligenz, sondern weil es ihm an Ausdauer fehlte. Ein gewisses Maß an Fleiß muß man immer aufbringen, bis man ein Gebiet beherrscht. Es gibt jedoch keine Gründe für die Annahme, intelligente Kinder seien fleißiger und arbeitsfreudiger als minderbegabte. Glücklicherweise kann man Charakterzüge wie die Ausdauer eines Menschen messen (ich habe darüber in dem Buch «Sense and Nonsense in Psychology» gesprochen); die Ergebnisse solcher Messungen zeigen klar, welch bedeutender Faktor die Ausdauer neben und unabhängig von der Intelligenz ist. Intelligenztests werden häufig kritisiert, weil sie sich nicht um solche wichtigen Dinge wie Charakter und Persönlichkeit kümmern, und gerade die Ausdauer wird dann als eine der Eigenschaften angeführt, die den Erfolg entscheidend mitbestimmen.
   Diese Vorwürfe sind unberechtigt. Man lehnt ja auch nicht das Thermometer ab, weil es nur die Temperatur des Patienten angibt und nicht zugleich auch dessen Größe und Gewicht. Man hat erkannt, daß Wert und Nutzen eines wissenschaftlichen Meßinstrumentes darin bestehen, daß es einen einzigen Faktor genau zu messen vermag. Der Intelligenztest soll die Intelligenz messen, und sobald er andere Eigenschaften – etwa Ausdauer – messen würde, hätte er sein eigentliches Ziel verfehlt. Wenn wir etwas über die Ausdauer eines Menschen erfahren wollen,

dann sollten wir diese Information nicht von einem Intelligenztest verlangen. Angenommen, der IQ würde tatsächlich durch Intelligenz, Ausdauer und Angst gleichzeitig bestimmt, dann könnte die Tatsache, daß Hans einen IQ von 90 hat, einmal darauf beruhen, daß er sehr dumm ist, dabei aber ausdauernd und überhaupt nicht ängstlich, oder auch darauf, daß er zwar sehr intelligent ist, dabei aber ängstlich und ohne Ausdauer. Man müßte den IQ dann einem Zusammenspiel dieser drei Elemente zuschreiben, so daß das Testergebnis als Information nahezu wertlos wäre, es sei denn, man hätte weitere zusätzliche Informationen über diese drei Eigenschaften im einzelnen. Wenn wir etwas über die Intelligenz, die Ausdauer und den Ängstlichkeitsgrad eines Menschen erfahren wollen, dann brauchen wir dafür drei Meßinstrumente, nicht eins. Die Kritik, daß ein Test lediglich die Intelligenz messe und nichts über andere Eigenschaften aussage, kann demnach gar nicht ernst genommen werden.

3. Des weiteren kann eine fehlende Übereinstimmung zwischen den IQ-Werten und externen Kriterien durch die Motivation bedingt sein. So wie wir ein Pferd zur Tränke führen können, so können wir auch ein Kind zur Schule schicken. Aber genausowenig, wie wir das Pferd zwingen können zu trinken, können wir ein Kind zwingen zu lernen, wenn es nicht genügend motiviert ist. Manche Kritiker des IQ führen gern Sir Winston Churchill an, der in der Schule sehr schlechte Leistungen zeigte und sich auch nur mühevoll akademisches Wissen aneignete. Diese Kritiker ziehen daraus den Schluß, er hätte auch in einem Intelligenztest schlecht abgeschnitten, und es zeige den geringen Wert dieser Tests, daß er später hohe geistige Fähigkeiten zeigte. Nun ist es aber offensichtlich Unsinn, als bewiesen anzunehmen, Churchill hätte bei solchen Tests schlecht abgeschnitten, obwohl er niemals einen absolvierte. Abgesehen davon ist diese Argumentation auch schon deshalb falsch, weil sie von der Annahme ausgeht, Churchill wäre motiviert gewesen, sich Schulwissen anzueignen. Seine Autobiographie zeigt doch ganz klar das Gegenteil. Tatsächlich kann man häufig feststellen, daß besonders intelligente Kinder sich in hohem Maße gegen das Lernen des Lehrstoffes, der auf durchschnittlich begabte Kinder zugeschnitten ist, auflehnen. Sie ziehen es vor, ihre eigenen Wege zu gehen, sie lesen, was ihnen gefällt, ohne sich um den Lehrplan zu kümmern. Unter solchen Bedingungen schneidet auch ein äußerst begabtes Kind in Prüfungen schlecht ab. Erst im späteren Leben, wenn es durch ein erstrebenswertes Ziel auf einem Gebiet, auf dem es etwas zu leisten vermag, ausreichend motiviert ist, zeigen sich seine Fähigkeiten. Das muß natürlich nicht immer der Fall sein; es gibt eine ganze Reihe äußerst intelligenter Menschen, die trotz ihrer Begabung keinen Erfolg

haben, einfach weil sie gar keinen vernünftigen Grund sehen, etwas zu erreichen.

Das sind die Hauptgründe für eine fehlende Übereinstimmung zwischen einem Test und einer Leistung oder einem Test und einer Einschätzung (Rating), doch gibt es natürlich noch unzählige andere Gründe dafür, daß jemand seine Anlagen nicht ausnützt. Ich habe aus einer Liste hochintelligenter Studenten, von denen keiner einen akademischen Grad erlangte, blindlings einige Fälle herausgegriffen, um sie hier als Beispiele anzuführen:

T. S. (IQ 152) hatte gerade mit dem Studium begonnen, als sein Vater starb. Er mußte nun den Lebensunterhalt für sich selbst, für seine Mutter und für seine kleine Schwester durch Nachtarbeit verdienen, wodurch ihm zuwenig Zeit für sein Studium blieb.

D. R. (IQ 146) wurde trotz glänzender Leistungen von der Universität gewiesen, weil man feststellte, daß er seinen Kommilitonen Geld stahl.

S. B. (IQ 161) brach sein Studium ab und brannte mit der Frau des Professors durch.

Diese Liste könnte man ohne Schwierigkeiten fast bis ins Endlose fortsetzen.

Menschen mit niedrigem IQ haben in der Regel keinen Erfolg bei Tätigkeiten, die hohe geistige Anforderungen stellen. Von dieser Regel gibt es so gut wie keine Ausnahme; man könnte sagen, es handelt sich hier um eines der wenigen unabänderlichen Gesetze der Psychologie. Und das ist deshalb so, weil Intelligenz eine notwendige Voraussetzung für den Erfolg ist; weder Zähigkeit noch irgendeine andere Eigenschaft können den Mangel an Intelligenz ersetzen. Die Umkehrung wäre jedoch auch falsch. Intelligenz ist eine notwendige, aber doch nicht hinreichende Bedingung für einen Erfolg; folglich müssen Studenten mit hoher Intelligenz nicht unbedingt erfolgreich sein.

Äußere Umstände, Charaktereigenschaften, der Grad der Motivation und viele andere nichtintellektuelle Faktoren spielen eine Rolle. Einige von ihnen, wie die Ausdauer, kann man messen, andere wieder nicht, entweder weil die Forschung noch keine exakten Meßmethoden dafür hat entwickeln können, oder weil sie überhaupt nicht gemessen werden können. Dadurch werden den Voraussagen mit Hilfe von Intelligenztests klare Grenzen gesetzt; hat man diese aber einmal erkannt, dann wird man den Wert solcher Tests erst richtig verstehen.

Sind die Einschätzungen durch Lehrer, der Erfolg an Schule oder Universität die einzigen Kriterien, die man zur Prüfung der Brauchbarkeit von Intelligenztests heranziehen kann? Sicherlich nicht. Je weiter wir uns jedoch von akademischen Berufen entfernen, um so schneller stellen sich Zweifel ein, ob die Intelligenz tatsächlich für die Vorhersage beruflichen

Erfolgs von Bedeutung ist. Wahrscheinlich werden Intelligenztests und auch andere Leistungstests am häufigsten bei den Streitkräften angewandt; sie sollen bei der Auslese helfen. In den USA setzte man bereits während des Ersten Weltkriegs Intelligenztests bei Eignungsprüfungen ein; man entwickelte aus Einzeltests, wie etwa dem Binet, Gruppentests – auch der in diesem Buch vorgelegte Test ist ein Gruppentest. Solche Gruppentests können mehreren Personen zur gleichen Zeit gegeben werden. Sie wurden in der Armee hauptsächlich zur Auswahl von Offiziersanwärtern und zur Aussonderung von Geistesschwachen verwandt. Ihr Erfolg war so augenfällig, sogar für die konservativen militärischen Kreise, daß sich ihr Gebrauch in der ganzen Welt durchsetzte. Heute verwendet man diese Tests zur Auswahl der verschiedensten Spezialisten in den Streitkräften.

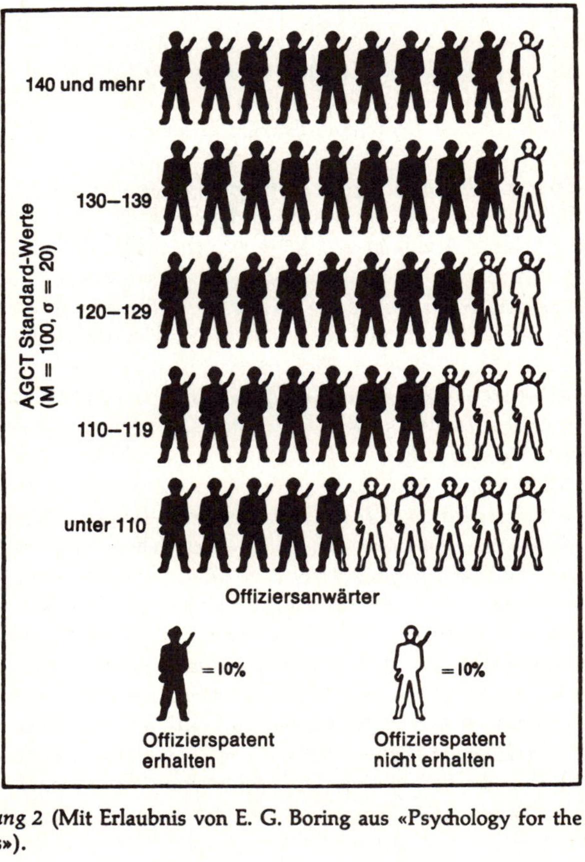

Abbildung 2 (Mit Erlaubnis von E. G. Boring aus «Psychology for the Armed Services»).

Um dem Leser eine Vorstellung von der Art der Ergebnisse zu vermitteln, gebe ich in den Abbildungen 2 und 3 die Ergebnisse zweier umfangreicher Untersuchungen wieder, bei denen es um die Eignung einer großen Zahl von Bewerbern für die Offiziers- und Pilotenlaufbahn ging. Beide Studien wurden während des Zweiten Weltkrieges in den USA durchgeführt. Bei der Auswahl der Piloten wurden außer Intelligenztests noch andere Leistungstests verwandt.

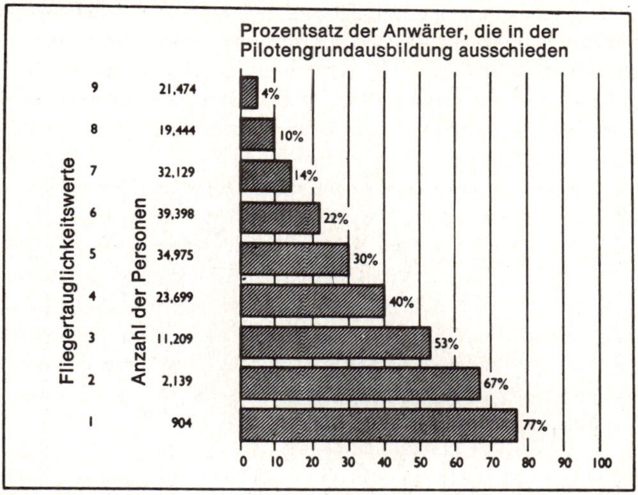

Abbildung 3 (Mit Erlaubnis von J. C. Flanagan aus «Science», 1947).

Die Diagramme sprechen für sich. Von allen Prüflingen, die einen IQ-Wert von 140 oder darüber im AGCT (Army General Classification Test) erreichten, erlangten über 90 Prozent das Offizierspatent. Dagegen erhielten von denen, die Werte unter 110 erreichten, weniger als 50 Prozent das Offizierspatent. Bei den Piloten versagten aus der Gruppe «Fliegertauglichkeit 9» (höchste Testwerte) nur 4 Prozent bei der Grundausbildung, aus der Gruppe «Fliegertauglichkeit 1» (niedrigste Testwerte) 77 Prozent. Außerdem läßt sich in jedem Fall ein regelmäßiger Anstieg von einem Pol zum andern feststellen. Die Wahrscheinlichkeit des Versagens wird mit dem Ansteigen der Testleistung geringer.

Den Leser mag eine solche klare Beziehung beeindrucken; der eine oder andere mag sich aber auch fragen, warum die Übereinstimmung nicht größer ist. Dafür ist hauptsächlich die Fehlerhaftigkeit der Kriterien verantwortlich. Um sehr hohe Korrelationen zwischen Test und Kriterium zu erzielen, müssen beide, Test und Kriterium, nahezu perfekt sein. Bei der einen Studie war das Kriterium der erfolgreiche Abschluß des Offizierskurses, bei der anderen die erfolgreiche Absolvierung der Pilotengrundausbildung. Es läßt sich leicht nachweisen, daß diese Kriterien auf keinen Fall vollkommen sind, sondern erhebliche Fehlerquellen enthalten. So mag ein Kandidat vor der einen Prüfungskommission bestehen, vor einer anderen jedoch nicht. Ebenso mag ein Pilot bei einer Gruppe von Ausbildern Erfolg haben, bei einer anderen jedoch versagen. Eine eingehende Erörterung der einzelnen Argumente würde uns zu sehr in technische Einzelheiten führen und ist daher hier nicht von Nutzen; eine unvoreingenommene Prüfung der Fakten aber gibt Anlaß zu der Annahme, daß der Mangel an Übereinstimmung viel wahrscheinlicher auf Fehler des Kriteriums als auf Fehler des Tests zurückzuführen ist. Das scheint auch für den militärischen Bereich zuzutreffen. Obwohl Piloten und Offiziere außer geistiger Leistungsfähigkeit noch viele andere Eigenschaften mitbringen müssen, sind Intelligenztests auch hier beim Ausleseverfahren von beträchtlichem praktischem Nutzen.

Abschließend wollen wir uns mit der Frage des Erfolges im täglichen Leben beschäftigen. Hier wird es wieder ganz offenkundig, daß der Erfolg nicht nur von der Intelligenz, sondern von vielen anderen Faktoren mitbestimmt wird, nämlich von Ausdauer, Glück, Beziehungen, Frechheit, Aggressivität und anderem mehr. Aber wiederum müßten wir am Wert der Intelligenztests zweifeln, stünden ihre Ergebnisse in gar keiner Beziehung zum sozialen Erfolg der Probanden. Schon die Tabelle auf Seite 14 zeigt eine solche Beziehung, denn Intelligenz und Stellung im sozialen Bereich stehen offensichtlich in direktem Zusammenhang.

In anderen Studien wurden die Korrelationen zwischen IQ und Einkommenshöhe untersucht, und auch hier ergab sich direkte Proportionalität zwischen Intelligenz und Erfolg.* Dieser Argumentation sind natürlich ganz klare Grenzen gesetzt, ebenso sind die Zahlenangaben in diesem Fall nur mit gewissen Einschränkungen verwertbar. Denn es gibt einige Gruppen mit hohem IQ, wie z. B. Lehrer und Professoren, deren Dienste von der Gesellschaft nicht angemessen vergütet werden. Würde man das Verhältnis des IQ zum Einkommen in einer graphischen Kurve darstellen, so ragten diese Gruppen wie Gipfel in der Gruppe «hoher IQ – mittlere bis geringe Einkommen» empor. Aber diese und andere Ausnahmen – so Wissenschaftler in der Industrie und bestimmte Gruppen im Staatsdienst – sind durch historische Entwicklungen bedingt und widerlegen nicht unsere allgemeine Regel, daß Erfolg oder Mißerfolg im Leben im allgemeinen in einem erheblichen Ausmaß mit dem IQ korrelieren. Diese

* Ebensogut kann man natürlich umgekehrt sagen, daß das Milieu, aus dem die meisten Großverdiener kommen, die Intelligenzentwicklung entscheidend fördert. (Anm. d. Übers.)

Korrelation ist natürlich geringer als die von IQ und Erfolg in der Schule, auf der Universität oder bei der Armee. Deshalb kann man mit Hilfe des IQ auch nicht genau voraussagen, wie groß der Erfolg eines Menschen im Leben sein wird. Wieder ist hier die negative Aussage (niedriger IQ = Mangel an Erfolg) genauer als die positive (hoher IQ = Erfolg im Leben), obwohl auch das keineswegs immer zutreffen muß. Es ist ein Fall von einem «Geistesschwachen» mit einem IQ knapp unter 70 bekannt, der auf Bitten seiner Frau aus der Anstalt entlassen worden war. Er wurde ein erfolgreicher Geschäftsmann und besaß bald ein großes Haus in der Stadt, eine Villa an der Küste und mehrere Autos. Seine Kinder besuchten alle die Universität. In seinem Falle spielten wahrscheinlich Glück, Extravertiertheit und andere Charaktereigenschaften eine erhebliche Rolle bei seinem Erfolg. Aber gerade sein Fall (der kein Sonderfall ist) zeigt die Unzulänglichkeit einer Voraussage der Einkommenshöhe mit Hilfe des IQ.

Bislang haben wir uns mit Einwänden gegen den IQ beschäftigt, die sich bei näherer Betrachtung als fadenscheinig erwiesen. Wir wollen uns jetzt einigen stichhaltigeren Bedenken zuwenden. Ein häufig vorgebrachter Einwand bezieht sich auf die Auswirkungen von Übung und Training auf die Testergebnisse. Es wäre doch offensichtlich unfair, wollte man den IQ zweier Kinder vergleichen, von denen das eine zuvor noch nie einen Intelligenztest sah, das andere aber für solche Tests ein intensives Training erhielt. Man müßte dann erst einmal den Beweis erbringen, daß ein solches Training keine Auswirkungen auf die Höhe des IQ hat. Die meisten Kinder erreichen tatsächlich einen höheren IQ, wenn sie zum zweiten oder dritten Mal einen Intelligenztest absolvieren, auch wenn es nicht immer derselbe Test ist. Der IQ kann dabei um 5 bis 8 Punkte ansteigen. Das ist wahrscheinlich auf verschiedene Faktoren zurückzuführen:

> Die Kinder gewöhnen sich an die Testsituation; sie lernen die Verfahrensweise solcher Tests kennen; ihre Angst, die ganz natürlich auftritt, wenn sie mit etwas Neuem konfrontiert werden, wird abgebaut; schließlich erhalten sie ganz einfach eine gewisse Übung darin, derartige Aufgaben, wie sie in solchen Tests gewöhnlich gestellt werden, zu lösen.

Nach drei Intelligenztests hat man jedoch erst einen geringen Vorteil, wenn überhaupt schon einen. Training mag zwar das Testergebnis leicht verbessern, doch das ist unsicher und hängt in jedem Falle von der Art des Trainings ab. Es ist durchaus möglich, daß ungeschicktes Trainieren das Testergebnis eher erniedrigt als erhöht; es bringt sicher mehr Gewinn, einige solcher Tests zu absolvieren. Der Einwand, Übung und Training wirkten sich auf die Höhe des IQ aus, trifft also durchaus zu, aber diese Schwierigkeit kann umgangen werden, indem man Kinder, Studenten und sonstige Testkandidaten nicht einmal, sondern mehrmals testet. Besonders die Kinder, die eine Aufnahmeprüfung machen wollen, sollten vorher eingehend mit Intelligenztests vertraut gemacht werden. Wenn diese Bedingung erfüllt wird, sind Ergebnisverzerrungen auf Grund von Trainingsvorteilen nicht zu erwarten.

Ein weiterer Einwand bezieht sich auf die Motivation (Leistungswillen) und auf die Ängstlichkeit der Probanden. Es ist doch denkbar, daß ein Kind, das nur gering motiviert oder überängstlich ist, Leistungen erbringt, die seinen Fähigkeiten in keiner Weise entsprechen. Es gibt eine umfangreiche Literatur über die Auswirkungen von Motivation und Angst bei Kindern. Danach hat ein geringer Grad an Motivation vermutlich keinen entscheidenden Einfluß auf das Testergebnis, es sei denn, die Motivation ist so gering, daß das Kind ganz aufgibt. Dieser Fall tritt jedoch selten ein und ist fast immer als pathologische (krankhafte) Reaktion anzusehen. Einen solchen Test würde man natürlich gar nicht erst auswerten.

Ein hohes Maß an Angst kann sich hingegen ungünstig auf die Leistung von Kindern auswirken. Dies wäre ein schwerwiegendes Argument gegen die Benutzung von Tests, hätte man nicht Mittel und Wege gefunden, diese Angst zu senken. Viel hängt davon ab, wie der Test eingeführt wird und ob er dem Kind von einem Fremden oder einem ihm gut bekannten Menschen gegeben wird. Das Wichtigste von allem aber ist die Wiederholung. Am Anfang des ersten Tests ist die Angst am größten, doch schon bald beginnt die Gewöhnung. Nach drei Tests zeigen nur noch wenige Kinder einen so hohen Grad von Angst, daß dadurch ihre Testleistung beeinträchtigt werden könnte. Wiederholtes Testen und Gewöhnung der Kinder an die Testsituation sind also der Schlüssel für eine korrekte IQ-Messung.

Vieles spricht für die Richtigkeit dieser Behauptung. Ein einziger Test kann aus vielerlei Gründen danebengehen, der Proband kann z. B. Kopfweh haben oder aus irgendeinem anderen Grund unpäßlich sein; er kann verärgert oder beunruhigt sein über etwas, was ihm selbst oder einem seiner Bekannten zugestoßen ist; vielleicht hat er einfach Verdauungsbeschwerden, oder sein Bleistift bricht ständig ab; vielleicht ist er am Abend zuvor auch zu spät ins Bett gegangen. So gibt es unzählige Störfaktoren, die einzeln kaum die Leistung beeinflussen würden, treffen aber einige zusammen, können sie eine erhebliche Minderung der Leistungsfähigkeit und damit eine Verschlechterung des Testergebnisses bewirken. Wenn ein Proband jedoch mehrmals getestet wird, ist es unwahrscheinlich, daß diese ungünstige Konstellation jedesmal das Ergebnis verdirbt; stark abweichende Testergebnisse sollte man tunlichst von der Bewertung ausschließen. Es liegt auf der Hand, daß das durchschnittliche

Ergebnis mehrerer Tests zuverlässiger ist als das Ergebnis eines einzigen Tests; wo Entscheidungen von weitreichender Bedeutung gefällt werden sollen, wie bei einer Aufnahmeprüfung, sollte man sich niemals auf ein einziges Testergebnis verlassen.

Um das Problem der Momentanleistung geht es auch beim nächsten, oft vorgebrachten Einwand: Der IQ eines Kindes erlaube, so wird gesagt, kein genaues Vorhersagen des IQ in späteren Jahren. Wir haben uns mit diesem Problem schon eingehend beschäftigt und herausgefunden, daß aus Testleistungen Erwachsener durchaus Prognosen ableitbar sind, daß aber der IQ eines Kindes noch nicht genug über die spätere Intelligenzleistung aussagt. Es sieht jedoch so aus, als ob die jährliche Wiederholung des Intelligenztests sowohl vor der Aufnahmeprüfung als auch in späteren Jahren uns zusätzlich wichtige Hinweise für eine Höherstufung oder Rückstufung eines Schülers geben könnten. Dieses Vorgehen würde auch den oben diskutierten Einwänden, wenigstens zum Teil, Rechnung tragen.

Die bisherige Erörterung zeigt deutlich, daß es vom Standpunkt des Testleiters nicht wünschenswert ist, gemischte Gruppen zu haben, d. h. Gruppen, in denen einige Personen zuvor schon einen Intelligenztest absolviert haben, die übrigen jedoch noch nicht. Die ideale Testgruppe ist für ihn also eine einheitliche Gruppe, in der entweder noch niemand oder schon jeder Erfahrung mit Tests hat. Der erste Fall ist schwerlich möglich: Jedes zwölfjährige Kind hat heute schon mindestens einmal einen Test absolviert, ebenso sind die meisten Erwachsenen bereits mit Tests in Berührung gekommen, sei es in der Armee oder bei einer Bewerbung im Berufsleben.* Unter diesen Umständen sollte man sich bemühen, als Ideal zu erreichen, daß jeder Teilnehmer Testaufgaben kennen sollte, wie sie in Intelligenztests vorkommen. Deshalb sind auch bestimmte Fernseh-Quizsendungen zu begrüßen. Durch sie werden Millionen Menschen auf einmal und mühelos mit Intelligenzaufgaben und ihren Lösungsmethoden vertraut gemacht. Aus dem gleichen Grund werden wahrscheinlich auch die Psychologen, die sich mit diesem Problem ernsthaft befassen, das Erscheinen dieses Buches begrüßen, denn es wird ohne jeden Zweifel die Schar derer, die mit modernen Intelligenztests vertraut sind, vergrößern. Vielleicht wird schon in naher Zukunft das Ideal verwirklicht sein, daß jeder in der Bevölkerung ein ausreichendes Maß an Testerfahrung hat, so daß jedes weitere Üben keine Leistungssteigerung mehr zur Folge haben wird.

Wir müssen uns nun mit einem weiteren Einwand, der gegen den IQ erhoben wird, befassen. Er ist schwerwiegender als alle bislang vorge-

* Das gilt für die Bundesrepublik nur sehr begrenzt. Doch auch bei uns ist mit deutlicher Zunahme der «Testerfahrenen» zu rechnen. (Anm. d. Übers.)

brachten und wird häufiger von Psychologen als von Laien ins Feld geführt: Das Messen des IQ setzt voraus, daß wir es mit einer allgemeinen geistigen Fähigkeit zu tun haben, die Intelligenz genannt werden kann und die in größerem oder geringerem Maße den Erfolg bei einer Vielzahl von geistigen Aufgaben bestimmt. Diese Annahme ist allerdings nur begrenzt berechtigt; es ist durchaus möglich, daß ein erfolgreiches Lösen verschiedenartiger Aufgaben nicht durch eine einzige allgemeine Fähigkeit bestimmt wird, sondern durch eine Reihe spezifischer Fähigkeiten. Träfe dies zu, dann müßte man den IQ lediglich als eine Art Durchschnittsergebnis betrachten, gewonnen aus den verschiedenen Ergebnissen dieser spezifischen Fähigkeiten. Dann hätte er auch alle Vor- und Nachteile, die ein Durchschnittsergebnis aufweist.

Wir kennen verschiedene Wege, diese Einzelfähigkeiten aufzudecken. Ich will hier nur die beiden wichtigsten nennen: einmal der unterschiedliche Inhalt der Aufgaben, zum andern die Untersuchung der verschiedenen psychologischen Funktionen, die daran beteiligt sind. Ein und dieselbe Aufgabe kann in Worten, in Zahlen und mit Figuren angeboten werden; der Erfolg einer Testperson kann durchaus davon abhängen, in welcher Form ihm die Aufgabe angeboten wird. Betrachten wir die drei nachfolgenden Aufgaben:

1. Schwarz verhält sich zu weiß wie hoch zu: (a) niedrig, (b) grün, (c) oben, (d) weit.
2. 14 verhält sich zu 7 wie 30 zu: (a) 15, (b) 13, (c) 20, (d) 11.
3. ↑ verhält sich zu ↓ wie → zu: (a) ←, (b) ↑, (c) ↓, (d) →.

Die Vermutung hat sich in der Tat als richtig erwiesen: Die Reaktionen eines Menschen werden in hohem Grade dadurch bestimmt, ob die Frage in Worten, in Figuren oder in Zahlen abgefaßt ist. Es ist daher durchaus gerechtfertigt, bei einem Menschen die verbale Intelligenz, die Rechenfertigkeit, das räumliche Vorstellungsvermögen und weitere spezifische Intelligenzfaktoren getrennt zu messen.

Ebenso gibt es Unterschiede in bezug auf geistige Funktionen, die mit dem Material nichts zu tun haben. So können wir unseren Testpersonen aufgeben, Beziehungen zu entdecken, Wechselbeziehungen abzuleiten, wie in den oben angeführten Beispielen. Wir können ihnen aber auch aufgeben, eine Vielzahl verschiedener Wörter, Figuren oder Zahlen zu vergleichen und Gleichartigkeiten oder Unterschiede festzustellen. Wir können ihnen auch aufgeben, Aufgaben verbalen, numerischen oder visuell-figürlichen Inhalts zuerst auswendig zu lernen und dann aus dem Gedächtnis zu reproduzieren. Dies sind nur einige der zahlreichen Möglichkeiten, nach denen wir sowohl das Material der Aufgaben als auch die Funktionen unterteilen können. Auch wenn wir nur drei von jeder Seite nehmen, haben wir schon neun Test-Typen, deren jeder sich von den anderen mindestens in einem wichtigen Punkt unterscheidet. Statt einem Menschen nur einen allgemeinen Intelligenztest zu geben, wären wir vielleicht besser beraten, wenn wir ihm für jede dieser Kombinationen einen besonderen Test gäben und ein Profil seiner Fähigkeiten erstellten, die sein Abschneiden in allen Kategorien berücksichtigt. Dies wäre allerdings eine starke Zumutung: Es wären ungefähr 140 Kategorien zu testen, und wenn man für jeden Test eine Stunde veranschlagt und die 40-Stunden-Woche zugrunde legt, würde eine einigermaßen ausreichende Erfassung der geistigen Fähigkeiten eines Menschen fast einen vollen Monat allein an Testzeit erfordern. Aus praktischen Gründen ist so etwas natürlich nicht durchführbar, obwohl Zeitabschnitte von solcher Länge in der technischen Forschung durchaus nicht ungewöhnlich sind, wenn z. B. die Leistungsfähigkeit einer Maschine bestimmt werden soll oder die Ermüdungsgrenze eines Metalls. Hier können sich Tests unter standardisierten Bedingungen sogar über Jahre hinweg erstrecken.

Man kann den IQ als ein Durchschnittsergebnis ansehen, das durch eine Auswahl aus allen diesen verschiedenen Aufgabentypen zustande gekommen ist und eine ungefähre Vorstellung vom allgemeinen Leistungsniveau eines Menschen gibt. Dieses Niveau wird von Test zu Test – entsprechend der jeweiligen Auswahl des Aufgabenmaterials und der Funktionen – unterschiedlich sein. So arbeiten einige Intelligenztests nur mit verbalen Aufgaben, andere haben gar keine verbalen Aufgaben, und wieder andere benutzen nur Zahlenaufgaben. Ebenso sind die in Anspruch genommenen Funktionen und die Testmethoden von Test zu Test verschieden. Aus alldem folgt, daß unterschiedliche Intelligenztests in der Bewertung des IQ eines Menschen nicht genau übereinstimmen werden. Diese Übereinstimmung ist bei gut konstruierten Tests ziemlich groß, aber sie ist trotzdem bei weitem nicht vollkommen. Bei zwei verschiedenen Tests sind Unterschiede von 10 Punkten bei der IQ-Berechnung keineswegs selten. Die genaueste Messung des IQ eines Menschen wird durch solche Tests erzielt, die unterschiedliche Aufgabenformen und unterschiedliches Material verwenden. Aus eben diesem Grunde wurden die Aufgaben für die acht Testreihen in diesem Buch unter diesem Aspekt ausgewählt.

Für die meisten praktischen Zwecke wie z. B. Berufswahl oder Mitarbeiterauswahl in der Industrie wäre die genauere Messung einzelner bestimmter Fähigkeiten vielleicht viel nützlicher als die Messung eines Gesamt-IQ. Wenn wir Hans und Karl, die ein Studium beginnen wollen, beraten möchten, welches Fach für sie am geeignetsten ist, wird es uns nicht viel helfen zu wissen, daß Hans einen IQ von 135 hat und Karl einen IQ von 128. Es hilft uns jedoch beträchtlich, wenn wir wissen, daß bei einem Test, der die verbalen Fähigkeiten mißt, Karl einen IQ von

150 hat, Hans dagegen nur einen IQ von 115, während in Tests, die die Denkfähigkeit bei Zahlen- und Bildmaterial messen, die Ergebnisse genau umgekehrt sind. Die Entscheidung, ob das Studium moderner Sprachen oder das der Physik angeraten ist, kann viel leichter auf der Grundlage solcher Informationen getroffen werden als auf der Basis eines allgemeinen IQ.

Heute wird dies allgemeiner anerkannt als z. B. noch vor zehn Jahren. Aber immer noch werden Tests, die spezifische Fähigkeiten messen, nicht in dem Umfange angewandt, wie es eigentlich notwendig wäre. Die Scheu, diese weiter entwickelten und in einem gewissen Sinn besseren Tests anzuwenden, ist vornehmlich auf die konservative Haltung der Lehrer und anderer, die mit dem traditionellen Intelligenztest aufwuchsen, zurückzuführen. Teilweise liegt es aber auch daran, daß die Entwicklung solcher Meßinstrumente teuer ist und eine beträchtliche Forschungsarbeit über viele Jahre hinweg erfordert. Die Gesellschaft hat sich nicht sonderlich interessiert gezeigt an der Verbesserung des gewöhnlichen Intelligenztests auf der Basis neuerer Forschungsergebnisse; und da die Förderung notwendiger Forschungsarbeiten ausblieb, verfügen wir heute nur über recht wenige solcher Tests.

Häufig wird die Frage aufgeworfen, ob die Intelligenz angeboren oder anerzogen sei, dieses Problem wird oft als Erbwelt-Umwelt-Kontroverse bezeichnet. Bevor wir die Abhandlung über Intelligenztests abschließen, sind einige Worte zu diesem Problem erforderlich.

Kinder erreichen tatsächlich normalerweise einen ähnlichen IQ wie die Eltern. Es verhält sich sogar so, daß bis zum Alter von sechs Jahren einigermaßen genaue Vorhersagen des künftigen IQ des Kindes eher auf Grund des IQ der Eltern als des IQ des Kindes selbst möglich sind. Diese Feststellung hilft uns jedoch nicht viel weiter, da diese Ähnlichkeit durch Erbfaktoren und Umgebung gleichermaßen bestimmt sein kann; das Kind kann also seinen Eltern gleichen, weil es die Gene erbte, die die Intelligenz beeinflussen, es kann ihnen aber auch deshalb gleichen, weil die Eltern die Umwelt eines kleinen Kindes ihrer Intelligenz entsprechend gestalten. Die geistigen Anregungen, die ein Kind erhält, hängen von der Intelligenz seiner Eltern ab. Noch wichtiger als die Ähnlichkeiten sind für die Frage der Erblichkeit der Intelligenz systematische Abweichungen zwischen Kind- und Elternintelligenz. Dafür können nur Erbfaktoren verantwortlich sein. Ich denke dabei an die sogenannte Regression, die zuerst in Verbindung mit der Körpergröße beobachtet wurde, einem Charakteristikum, von dem man sicher weiß, daß es durch Erbfaktoren beeinflußt wird. Man entdeckte, daß die Kinder von sehr großen Eltern zwar größer sind als der Durchschnitt, aber nicht so groß wie ihre Eltern, daß dagegen die Kinder sehr kleiner Eltern kleiner sind als der Durchschnitt, aber nicht so klein wie ihre Eltern. Auf beiden Seiten scheinen die Kinder auf den Durchschnitt zurückzugehen. Das läßt sich leicht mit Hilfe der Mendelschen Vererbungstheorie erklären.

Die gleiche Erscheinung wurde beim Intelligenzvergleich beobachtet. Die Tabelle auf Seite 14, die die Intelligenzquotienten von Elterngruppen der verschiedenen sozialen Schichten angibt und auch die Intelligenzquotienten von Kindern aus derselben sozialen Schicht, läßt klar den Grad der Regression erkennen. Er ist mit dem, der bei der Untersuchung der Körpergröße gefunden wurde, nahezu identisch. Unser bedeutsamster Beweis für den Einfluß des Erbgutes ist deshalb nicht in den beobachteten Ähnlichkeiten zwischen Eltern und Kindern zu sehen, sondern in der Entdeckung systematischer Unterschiede zwischen ihnen, die zwar mit der Erbanlage leicht zu erklären sind, aber nur schwer durch die Einflüsse der Umwelt.

Ein weiterer, häufig angeführter Beweis für die erbliche Komponente basiert auf Studien an eineiigen und zweieiigen Zwillingen. Eineiige Zwillinge haben vollkommen identische Erbmassen, während zweieiige Zwillinge nicht mehr gemeinsam haben als gewöhnliche Geschwister, nämlich höchstens bis zu 50 Prozent gleiche Erbmassen. Hätte die Umwelt einen so großen Einfluß, dann sollten eineiige Zwillinge sich hinsichtlich des IQ nicht mehr ähneln als zweieiige Zwillinge; wenn dagegen die Erbmasse den größeren Einfluß hat, müßten eineiige Zwillinge einander ähnlicher sein als zweieiige. Zahlreiche Untersuchungen haben ergeben, daß eineiige Zwillinge, die gemeinsam aufwuchsen, weit ähnlichere IQs erreichen als zweieiige mit denselben Voraussetzungen. Einige nicht sehr umfangreiche Studien in den USA und eine neuere, größere in Großbritannien haben gezeigt, daß von Zwillingen, die früh getrennt wurden und unter verschiedenen Bedingungen aufwuchsen, die eineiigen einander erheblich ähnlicher sind als die zweieiigen, womit also die Tendenz der früher gewonnenen Ergebnisse bestätigt worden ist. Die Ergebnisse dieser Nachforschungen unterstützen einwandfrei die Ansichten derer, die dem Erbgut eine größere Bedeutung beimessen als den Einflüssen der Umwelt.

Einen dritten Beweis für die stärkere Rolle der Erbfaktoren kann man in den Ergebnissen von Züchtungsexperimenten mit Tieren sehen: Für die untersuchte Tierart wird ein geeigneter Leistungstest entwickelt und eine Gruppe von Tieren damit getestet. Die Tiere, die hohe Werte erreichen, kreuzt man miteinander, um «intelligente» Nachkommen zu produzieren, ebenso diejenigen mit niedrigen Werten, um «dumme» Nachkommen zu produzieren. Auch die Tiere der folgenden Generationen werden getestet, und immer wieder werden die jeweils «klügsten» und die jeweils «dümmsten» ausgesucht und untereinander gekreuzt. Nach einem Dutzend oder noch mehr Generationen stellt man fest, daß es in der Testleistung praktisch keine Überschneidungen zwischen der «intelligenten» und der «dummen» Nachkommenschaft gibt. Alle aus der «intelligenten» Zuchtreihe schneiden im Test besser ab als irgendeines aus der «dummen». Wieviel Beweiskraft wir diesem Experiment beimessen, hängt davon ab, ob wir Intelligenz als ein allgemeines biologisches Charakteristikum betrachten, das nicht auf Menschen beschränkt ist, sondern sich auch auf einem tieferen Niveau, also bei anderen Säugetieren, findet. Vielleicht erhält das Ergebnis der Züchtungsexperimente vor allem in Verbindung mit den anderen bereits angeführten Belegen besondere Bedeutung.

Eine weitere Verstärkung der These von der Dominanz der Erbfaktoren ist in gewissem Sinne die Umkehrung der Verhältnisse, wie sie in den Untersuchungen der eineiigen Zwillinge vorlagen. Bei den getesteten Zwillingen war die Erbmasse identisch, die Umwelt unterschiedlich. Wir können aber auch Untersuchungen an Kindern durchführen, die alle in einer ähnlichen Umgebung aufwachsen, deren Erbmasse aber unterschiedlich ist, etwa an Waisenhauskindern, die kurz nach der Geburt ins Heim kamen. Ihr ganzes Leben verbringen die Kinder in einer Umgebung, die für alle weitgehend gleich ist. Wenn nun die Umwelt die Intelligenz bestimmt, müßten alle diese Kinder ungefähr den gleichen IQ aufweisen. Eine solche Untersuchung wurde durchgeführt, und es zeigte sich, daß die Intelligenz der Waisenhauskinder die gleichen Schwankungen aufwies wie die Intelligenz bei Kindern, die unter ganz unterschiedlichen äußeren Bedingungen aufgewachsen sind. Auch hier erscheint deshalb die Erbmasse als der Hauptfaktor bei der Festlegung individueller Unterschiede in der Intelligenz.

Es gibt noch viele andere Testversuche und Untersuchungen, aber die oben angeführten überzeugen am meisten. Für die These von der relativen Bedeutungslosigkeit der Erbanlagen bei der Intelligenzentwicklung gibt es keinen stichhaltigen Beweis. Für den Anteil von Erbmasse und Umwelt bei der Intelligenzbildung in den westlichen Ländern kann man heute einen ungefähren Schätzwert bestimmen. Es scheint so zu sein, daß von den Faktoren, die zu den individuellen Unterschieden in der Intelligenz beitragen, ungefähr 80 Prozent erblich sind, 20 Prozent umweltbedingt; mit anderen Worten, die Erbmasse ist viermal bedeutender als der Einfluß der Umwelt.

Man darf jedoch nicht außer acht lassen, daß dies nur Durchschnittszahlen sind und sich auch nur auf die heutige westliche Welt beziehen. Sie haben keinen absoluten Wert, da sie vollkommen von den sozialen und schulischen Verhältnissen des jeweiligen Landes abhängen. In einem Land, in dem es gleiche Bildungschancen für alle Kinder gibt, eingeschlossen einen freien Zugang zur Universität, kommen Erbfaktoren am stärksten zum Tragen. In Ländern, in denen Schulbildung das Privileg einiger weniger ist, wird die potentielle Intelligenz der übrigen in einem beträchtlichen Ausmaß unterdrückt. Wir können deshalb das Verhältnis 80 Prozent zu 20 Prozent nicht extrapolieren und auf das England vor hundert Jahren oder den Iran heute anwenden, um nur zwei Beispiele zu nennen, wir können es genausowenig auf zukünftige Verhältnisse übertragen. Der relative Beitrag der Erbmasse zur Intelligenz kann in 50 Jahren durchaus noch höher sein als heute, vorausgesetzt, der Trend zu größerer Gleichheit in der Erziehung hält an.

Man kann nicht sagen, daß bei jedem Menschen die Umwelt zu 20 Prozent und die Erbmasse zu 80 Prozent zur intellektuellen Ausstattung beigetragen haben. Bei so manchem Kind und so manchem Erwachsenen, denen die Möglichkeit zur Bildung in und außerhalb der Schule vorenthalten worden ist, ist die Bedeutung der Umwelt viel größer, sie macht vielleicht 70 oder gar 80 Prozent aus. Bei anderen Kindern wiederum schlägt das Pendel in die entgegengesetzte Richtung. Um in einem bestimmten Fall eine sichere Aussage machen zu können, bedarf es einer eingehenden und detaillierten Untersuchung und nicht der simplen Anwendung eines Durchschnittsergebnisses.

Diese knappe Darstellung der Intelligenz, ihrer Natur und ihrer Messung soll uns genügen. Es ist beinahe unmöglich, über ein solches Gebiet in gemeinverständlichen Ausdrücken zu schreiben, dazu noch in einem kurzen Abriß, ohne gelegentlich belehrend zu wirken. Trotz allem sind die meisten Tatsachen klar verständlich, und ich glaube kaum, daß ein Psychologe schwerwiegende Fehler in meinen Darlegungen wird entdekken können. Vermutlich werden wir in 20 Jahren erheblich mehr über die Natur der Intelligenz wissen als heutzutage. Doch bis dahin werden wir uns damit zufriedengeben müssen, sie mit einem bestimmten Grad an Genauigkeit messen zu können; bis dahin müssen wir uns mit den Ergebnissen begnügen, die wir mit Hilfe unserer jetzigen Tests erhalten können.

So messen Sie Ihren IQ

Wir wollen uns nun mit den Tests beschäftigen, die in diesem Buch enthalten sind, um zu sehen, wie man sie handhabt. Es sind acht Tests, die jeweils aus 40 Fragen bestehen. Jeder Test ist in sich abgeschlossen und kann einzeln und unabhängig von den anderen absolviert und ausgewertet werden. Jeder Test enthält verschiedenartige Aufgaben; am Anfang des Tests stehen die leichtesten Aufgaben, sie werden gegen Ende immer schwerer, jedoch ist die Ordnung nach dem Schwierigkeitsgrad nicht vollkommen, vor allem nicht in der Mitte der Tests.

Die Bearbeitungszeit ist für alle Tests begrenzt und zwar jeweils auf eine halbe Stunde. Diese Zeit sollte möglichst genau eingehalten werden; am besten ist es, wenn nicht der Proband selbst, sondern ein anderer die Zeit nimmt. Der Rohwert ist die Anzahl der innerhalb der halben Stunde richtig gelösten Aufgaben. Die Lösungen aller Testaufgaben finden sich am Ende des Buches, zusammen mit einigen Erklärungen der Lösungswege. Sicherlich wird der eine oder der andere Leser weitere sinnvolle und richtige Lösungen für einige Aufgaben entdecken. Diese Lösungen werden selbstverständlich als richtig gewertet. Grundsätzlich ist allerdings diejenige Antwort als richtig anzusehen, die die meiste Information verwertet. Ein Beispiel soll zeigen, wie das gemeint ist.

Suchen Sie das richtige Wort:
laut – Lärm; leise – ?
(a) Ruhe (b) Länge (c) Reise (d) Papier

Wir wollen uns die verschiedenen Möglichkeiten ansehen. Die Lösungsmöglichkeit (d) paßt überhaupt nicht; (c) ist ebenfalls nicht sehr geeignet; die Lösung (b) wäre schon passender, denn das Wort «Länge» enthält wie das Wort «Lärm» ein «ä», und außerdem beginnt es wie die drei anderen Wörter mit einem «L»; darüber hinaus hat es fünf Buchstaben wie das Wort «leise». Und doch wird wohl kaum jemand widersprechen, daß die Lösung (a) hier die beste ist; Ruhe paßt zu leise, wie Lärm zu laut paßt. Die Lösung (a) verwendet die sinnvollste Beziehung der vier Wörter, und darum würde man in diesem Fall diese Lösung – und nur diese Lösung – als richtig werten.

In der folgenden Aufgabe hingegen gäbe es zwei gleichwertige Lösungen.

Suchen Sie den fehlenden Buchstaben:

SCHLA . EN

Hier könnte man sowohl ein F als auch ein G einsetzen; dagegen würde man ein U (schlauen, Beugungsform von schlau) wohl kaum als sinnvolle Lösung ansehen. Die beiden ersten Lösungen hingegen sind völlig gleichwertig; sie würden beide als richtig gewertet, auch dann, wenn unter den Auflösungen im Buch nur die eine Antwort aufgeführt wäre. (Die beiden eben erläuterten Aufgabenarten kommen in den acht Tests des Buches nicht vor.) Wenn Sie Ihren Rohwert ausgezählt haben, so sehen Sie in den graphischen Darstellungen auf den Seiten 157/158 den zu dem Rohwert gehörenden IQ nach.

Wenn Sie Ihren IQ zuverlässig messen wollen, so machen Sie nicht nur einen der Tests, sondern mehrere und berechnen den Durchschnittswert. Machen Sie aber immer nur einen Test an einem Tag.

Um den Test einigermaßen sinnvoll benutzen zu können, sollten Sie die folgenden Anweisungen beachten. Natürlich können Sie mit diesem Buch machen, was Sie wollen. Wenn Sie aber eine der folgenden Anweisungen nicht beachten, dann erhalten Sie auch keine ungefähre Annäherung an Ihren wirklichen IQ.

Die wichtigste Voraussetzung zuerst: Halten Sie die Zeit ganz genau ein; selbst «ein paar Sekunden» zusätzlich können das Ergebnis stark verfälschen. Am besten ist es – wie schon gesagt –, wenn eine andere Person als der Proband die Zeit nimmt, wobei natürlich eine Stoppuhr am geeignetsten ist, jedoch auch eine andere Uhr mit Sekundenzeiger verwendet werden kann.

Der Proband sollte keinerlei Hilfe erhalten, weder aus Büchern noch von anderen Personen; es ist auch zu empfehlen, daß niemand bei der Ausfüllung des Tests zuschaut. Die Durchführung eines Intelligenztests, vor allem eines Gruppentests, ist sicher eine Routineangelegenheit. Und doch kann man dabei die unwahrscheinlichsten Dinge erleben; zum Beispiel, wenn ein solcher Test von Lehrern durchgeführt wird, was ziemlich oft der Fall ist. Manche Lehrer erliegen dabei ihrer tiefverwurzelten Angewohnheit, Fehler verbessern zu müssen; sie erheben warnend ihren Zeigefinger, wenn sie bei dem kleinen Hans einen Fehler entdeckt haben; manchmal begnügen sie sich nicht einmal mit einem: «Das ist aber nicht richtig!», sondern sagen vor oder geben andere Hilfen.

Wenn der Test durchgeführt wird, sollte auch niemand im Zimmer sein, der den Probanden von der Arbeit ablenkt, gleichgültig, worin diese Ablenkung besteht.

Wenn man einen Test ausfüllt, sollte man frisch und ausgeruht sein.

Man soll sich den Test vorher nicht ansehen, auch nicht flüchtig. Wer sich an diese Anweisungen nicht hält, verschafft sich einen Vorteil gegenüber den anderen, die diese Tests machen und vor allem auch gegenüber denen, mit deren Hilfe dieser Test geeicht wurde. Das bedeutet aber, daß der Test nicht mehr dazu verwendet werden kann, den IQ einigermaßen genau zu messen. Je länger man sich die Aufgaben vorher ansieht, desto mehr wird das Ergebnis beeinflußt; es wird aber in jedem Fall so sehr beeinflußt, daß das Ergebnis an Bedeutung einbüßt.*

Man sollte keinen Test auswerten und auch nicht die richtigen Lösungen nachsehen, ehe man nicht *alle* Tests, die man machen will, seien es nun zwei oder acht, absolviert hat. Die Lösungen nachsehen und die Erklärungen in diesem Buch lesen ist gleichbedeutend mit Üben (streng genommen gilt das für jede weitere Beschäftigung mit den Testaufgaben). Übung wird aber das Ergebnis der nachfolgenden Tests verbessern, womit der Test wieder an Bedeutung verliert. Wer alle acht Tests machen will, sollte den ersten erst auswerten, wenn er den achten gemacht hat. Es ist natürlich nicht ganz einfach, seine Neugier zu zügeln. Wer darauf versessen ist, seinen IQ so früh wie möglich zu erfahren, sollte einen anderen, der den Test schon gemacht hat oder keinen machen will, bitten, den Test auszuwerten. Aber mehr als den IQ sollte der Proband nicht erfahren. Die Kenntnis des Ergebnisses eines Tests beeinflußt die nachfolgenden Tests wahrscheinlich nicht.

Wer mit Hilfe eines oder mehrerer Tests dieses Buches den IQ errechnet hat, sollte wissen, daß dieser Wert keine absolute Gültigkeit hat. Jedes Intelligenzmaß, das in einer einzigen Zahl besteht, «prahlt» mit einer unzutreffenden Genauigkeit. Es ist übertrieben, wenn man sagt, jemand, der einen Intelligenztest gemacht hat, habe einen IQ von 128; so genau sind die Tests nicht. Das Ergebnis besagt vielmehr etwa folgendes: «Der Proband ist sehr intelligent, sein gewöhnliches Leistungsniveau liegt zwischen 120 und 135. Er mag darüber hinaus die eine oder andere spezifische Fähigkeit in sehr hohem oder auch in sehr geringem Maße haben, wie etwa verbale oder rechnerische Fähigkeit, Originalität oder Gedächtnis; doch darüber können wir auf Grund dieses Testergebnisses keine Aussagen machen.» Ergeben alle acht Tests ein annähernd gleiches Ergebnis, dann kann man sicher sein, eine ziemlich gute und zuverlässige Schätzung des eigenen IQ zu haben. Wenn die Testwerte stark voneinander abweichen, sollten sie als nicht übermäßig genau angesehen werden. Solche Abweichungen müssen nicht zu Lasten des Tests gehen. Es gibt viele Hinweise, daß manche Menschen sehr große Schwankungen

* In diesem Fall sollte man vielleicht nicht mehr von einem IQ reden, sondern von einem MW, einem Mogelwert. (Vorschlag des deutschen Bearbeiters)

ihrer Leistungen aufweisen, und zwar in allen Arten von Tests; es handelt sich hier um eine Persönlichkeitsvariable, die dann natürlich auch in diesen Tests eine Rolle spielen kann.*

Welchen Gebrauch kann man nun von einem IQ machen, den man unter Beachtung aller Anweisungen aus einem der Tests dieses Buches gewonnen hat? Ich würde meinen, daß der Leser am besten beraten ist, betrachtet er das Ergebnis als Hilfe zu weiterer Erkenntnis seiner selbst, in dem Sinn, wie ich das ganz am Anfang dieses Buches sagte. *Keinesfalls sollte irgendeine schwerwiegende Entscheidung auf Grund des Ergebnisses eines der Tests dieses Buches gefällt werden:* etwa der Entschluß, zur Universität zu gehen oder nicht, oder einen bestimmten Beruf zu ergreifen, oder sich auf eine bestimmte Art Arbeit zu spezialisieren. Wer einen Rat in einer solchen Frage braucht, sollte sich an einen Psychologen wenden, entweder in einer Berufsberatung oder in einer freien Praxis. Bei ihm erhält er fachmännischen Rat; nur ein Psychologe hat die erforderliche Sachkenntnis, die für solche Fragen wichtigen Tests auszuwählen, sie richtig anzuwenden und auszuwerten. Ich habe in der Einleitung einmal argumentiert, daß es keinen vernünftigen Grund gibt, der dagegen spräche, seine Körpertemperatur zu messen, es gibt aber tausend Gründe, die dagegen sprechen, daß man auf Grund der Messung seiner Temperatur bei sich selbst Krankheiten diagnostiziert, ohne über die entsprechenden medizinischen Sachkenntnisse zu verfügen. Ich glaube, es kann niemandem schaden, seinen IQ selbst zu messen, und sei es auch nur näherungsweise. Aber die Interpretation der Ergebnisse oder ihre praktische Anwendung sollte auf jeden Fall demjenigen überlassen bleiben, der die wissenschaftliche Qualifikation dazu hat. Aus einem selbstgemessenen IQ Schlüsse zu ziehen, ist noch weniger sinnvoll als aus der selbstgemessenen Körpertemperatur. Denn immerhin ist es viel leichter, mit einem Thermometer seine Körpertemperatur zu messen als mit einem Test seinen IQ. Ich habe zwar versucht, vor einigen der häufig gemachten Fehler in der Durchführung von Tests zu warnen, aber es ist natürlich unmöglich, alles das, womit jemand diese Tests entwerten kann, im voraus zu erahnen und auszuschalten. Ich möchte vorschlagen, daß Sie die Tests in diesem Buch in erster Linie als Spiel und als Spaß auffassen und sie nicht todernst nehmen. Um Entscheidungen zu fällen, die die genaue Kenntnis des IQ voraussetzen, sollte man auf jeden Fall den Rat eines qualifizierten Psychologen einholen, die Tests dieses Buches sind entschie-

* Der deutsche Bearbeiter hat bei der Eichung und Überprüfung der deutschen Fassung mehrmals die Beobachtung gemacht, daß der erste Test ein wesentlich niedrigeres Ergebnis erbrachte als die folgenden. In diesem Falle ist er geneigt, dieses «Versagen» eher auf andere Faktoren zurückzuführen, etwa Unsicherheit, Angst oder Unkonzentriertheit.

den nicht ausreichend, die Intelligenz eines Menschen so umfassend und zuverlässig zu messen, daß darauf weitreichende Entschlüsse gegründet werden könnten.

Zum Schluß sollen die wichtigsten Punkte, die bei der Durchführung der Tests zu beachten sind, zur *ständigen Erinnerung* noch einmal zusammengefaßt werden.

1. Machen Sie nur einen Test pro Tag!
2. Machen Sie die Tests, wenn Sie ausgeruht und frisch sind!
3. Sehen Sie sich auf keinen Fall vorher die Aufgaben oder die Lösungen an!
4. Halten Sie die Zeit ganz genau ein!
5. Hilfe bei der Beantwortung der Fragen ist in keiner Form erlaubt!
6. Während Sie arbeiten, sollte in Ihrer Umgebung größtmögliche Ruhe herrschen; lassen Sie sich durch nichts von der Arbeit ablenken!
7. Lesen Sie die Lösungen und Erklärungen erst, wenn Sie den letzten Test gemacht haben, den Sie machen wollen!

Testanweisung

Jeder der nachfolgenden Tests besteht aus 40 Aufgaben. Sie haben genau eine halbe Stunde Zeit, um die Aufgaben zu bearbeiten, arbeiten Sie so schnell wie möglich. Es wird Ihnen nicht gelingen, alle 40 Aufgaben in der angegebenen Zeit zu lösen, lassen Sie sich dadurch nicht aus der Ruhe bringen.

Bearbeiten Sie alle Aufgaben in der gegebenen Reihenfolge, halten Sie sich aber nicht zu lange bei einer Aufgabe auf. Vergessen Sie nicht, daß die Aufgaben im großen und ganzen gegen Ende des Tests immer schwieriger werden. Wenn Sie eine Lösung nicht wissen, so raten Sie nicht. Durch Raten können Sie das Ergebnis vielleicht besser gestalten, keinesfalls aber genauer. Wenn Sie einer Lösung nicht hundertprozentig sicher sind, aber glauben, Ihre Antwort sei zutreffend, so schreiben Sie sie hin.

Es gibt keine Aufgabe ohne eine sinnvolle Lösung, wohl aber Aufgaben mit mehreren Lösungen, die mehr oder weniger gut sind. Meist wird nur die beste Antwort – die Antwort, die die meiste Information verwertet – als richtig gezählt. Gute Antworten sind aber immer richtig. Versuchen Sie immer zuerst zu verstehen, was bei einer Aufgabe gefragt ist.

Ihre Antwort besteht entweder im Unterstreichen einer vorgegebenen Antwortmöglichkeit oder im Hinschreiben einer Zahl, eines Buchstabens oder eines kurzen Wortes.

Die Punkte in den Klammern stehen für Buchstaben, vier Punkte bedeuten z. B., daß ein Wort mit vier Buchstaben zu suchen ist.

Test eins

1

Setzen Sie die fehlende Zahl ein.

2 5 8 11 ....

2

Unterstreichen Sie das Wort, das nicht zu den anderen paßt.

Haus Iglu Villa Kaufhaus Hütte

3

Suchen Sie die fehlenden Zahlen.

7 10 9 12 11 ....

4

Unterstreichen Sie das Wort, das nicht zu den anderen paßt.

Hering Wal Hai Steinbutt Kabeljau

5

Unterstreichen Sie die Zeile, die keine Automarke enthält.

ROFD

DERESCEM

PRESCHO

NOGIEB

LEPO

6

Setzen Sie das Wort ein, das in der Klammer fehlt.

SCHICKSAL (LOS) LOTTERIESCHEIN

TANZ (. . . .) KUGEL

7

Setzen Sie den fehlenden Buchstaben ein.

E H L O S ....

Test eins

8

Setzen Sie das Wort ein, mit dem das erste Wort endet und das zweite beginnt. (Schlüsselwort: HOFFNUNG.)

AN (. . .) TER

9

Setzen Sie die fehlende Zahl ein.

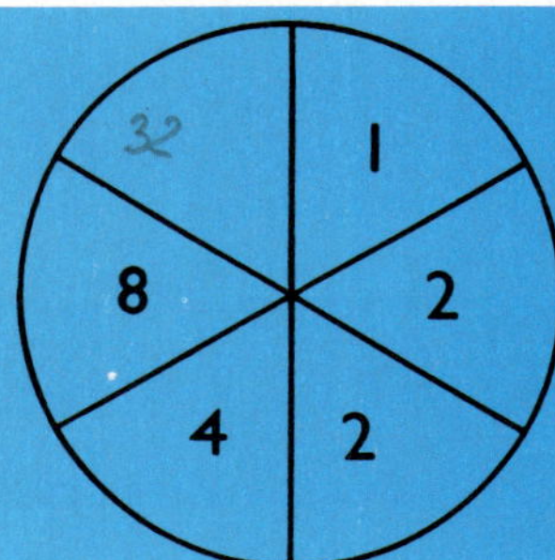

10

Unterstreichen Sie die Figur, die nicht zu den anderen paßt.

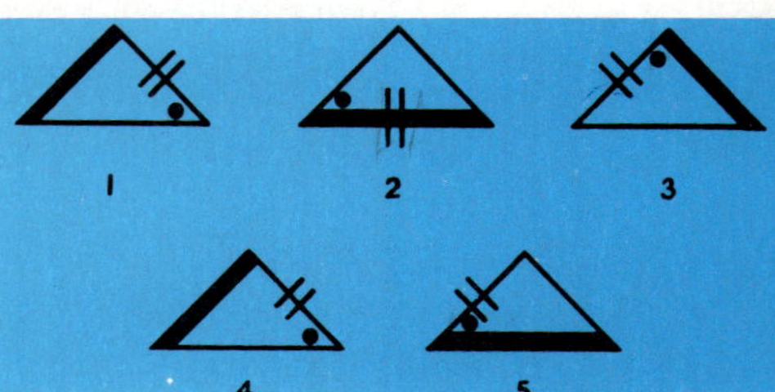

11

Setzen Sie die fehlenden Zahlen ein.

16	15	17	14	18
32	33	31	34	30

12

Suchen Sie unter den numerierten Figuren die richtige heraus und schreiben Sie die Nummer in das Quadrat.

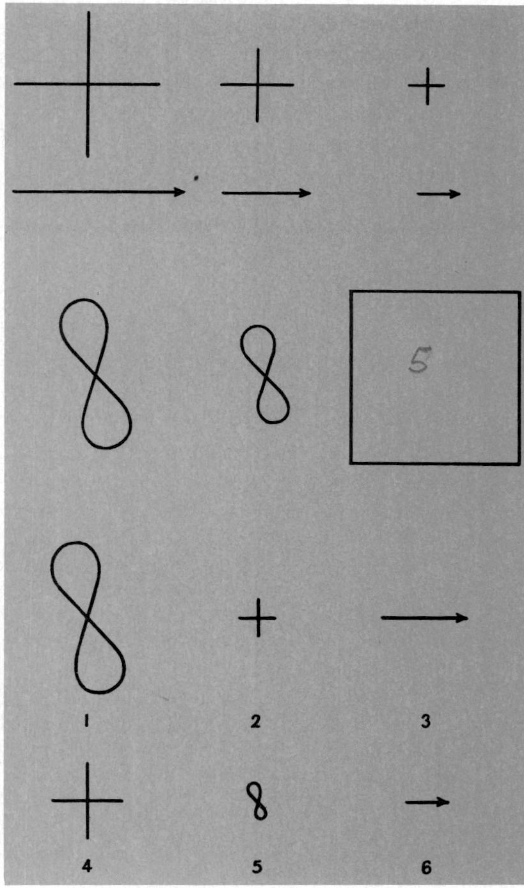

13

Setzen Sie das Wort ein, dem jeder der Buchstaben auf der linken Seite vorangestellt werden kann.

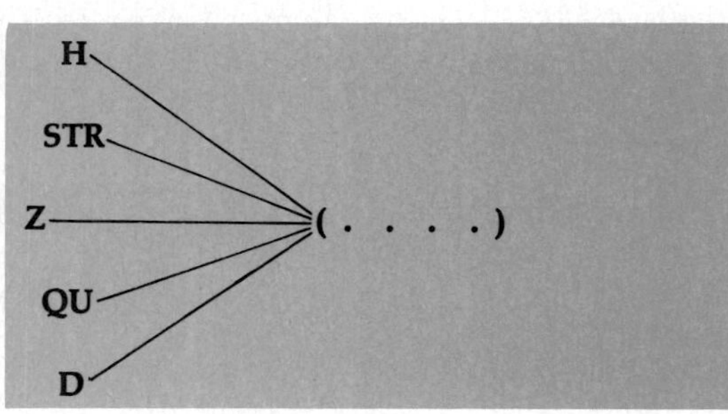

Test eins

14

Suchen Sie unter den numerierten Figuren die richtige heraus.

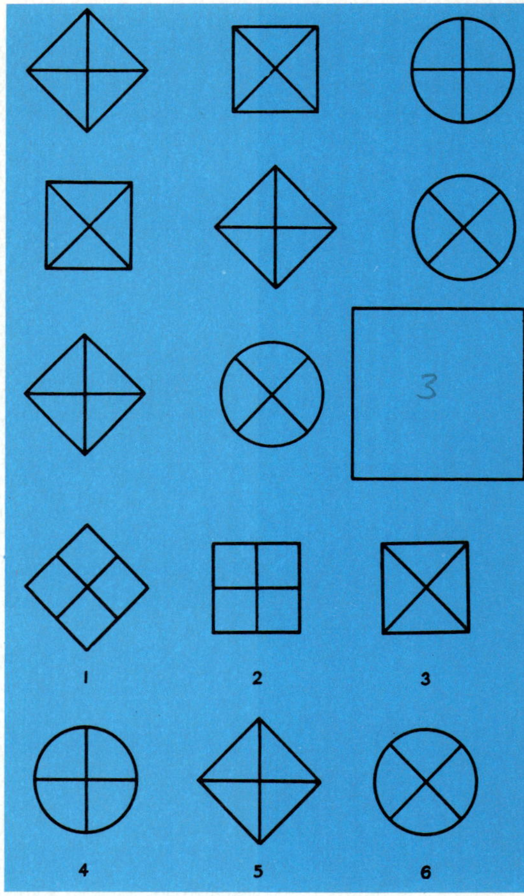

15

Suchen Sie die Wörter in den Klammern.

K + (Schaf) = (ein enges Tal)

16

Setzen Sie die fehlende Zahl ein.

2	**5**	**7**
4	**7**	**5**
3	**6**	....

17

Unterstreichen Sie das Wort in der unteren Zeile, das zu den drei in der oberen Zeile paßt.

KATZE TÜR FRAU

Flur Stadt Maschine Schlange Mann Angst

18

Suchen Sie unter den numerierten Figuren die richtige heraus.

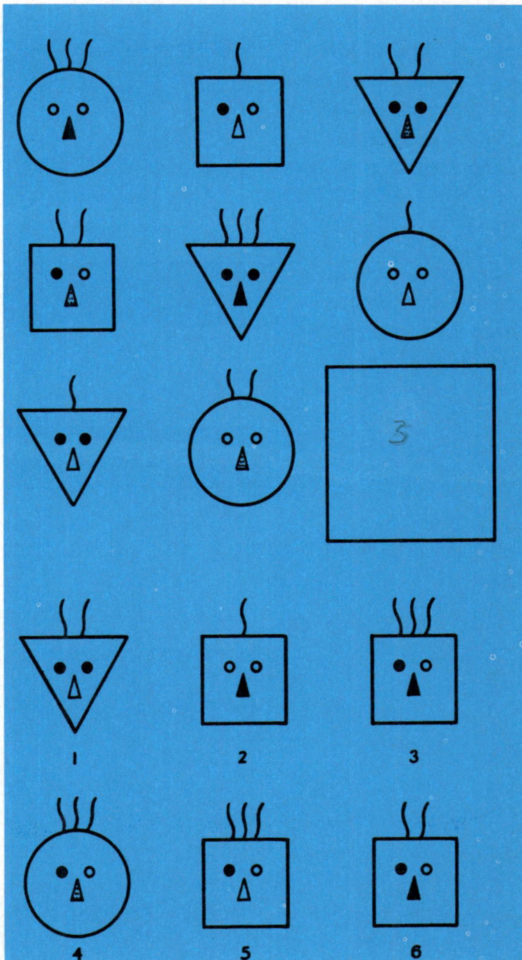

19

Setzen Sie das Wort ein, mit dem das erste Wort endet und das zweite beginnt. (Schlüsselwort: HANDLUNG.)

P (. . .) IE

20

Setzen Sie ein Wort ein, das dieselbe Bedeutung hat wie die beiden Wörter außerhalb der Klammer.

RAUPE (. . . . .) MASKE

21

Streichen Sie die Zeile an, die nicht den Namen eines berühmten Dichters enthält.

ENHIE

BEHLBE

SERLILCH

MENGOT

HAUNDL

22

Setzen Sie die fehlende Zahl ein.

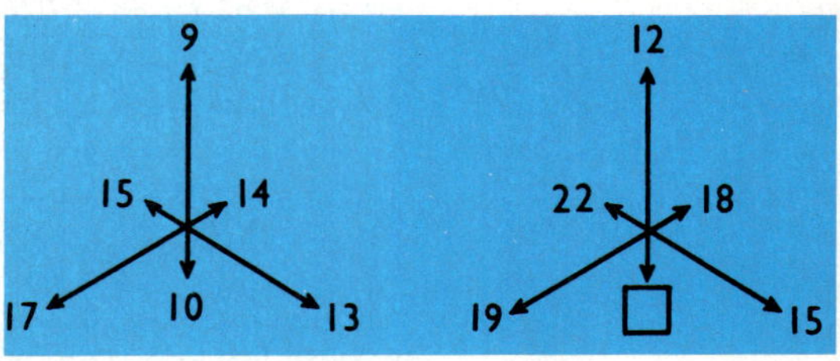

23

Vervollständigen Sie das Wort in der Klammer.

NA (VORHANG) RO

NU (H . . Z . . G) IE

24

Streichen Sie die Figur an, die nicht zu den anderen paßt.

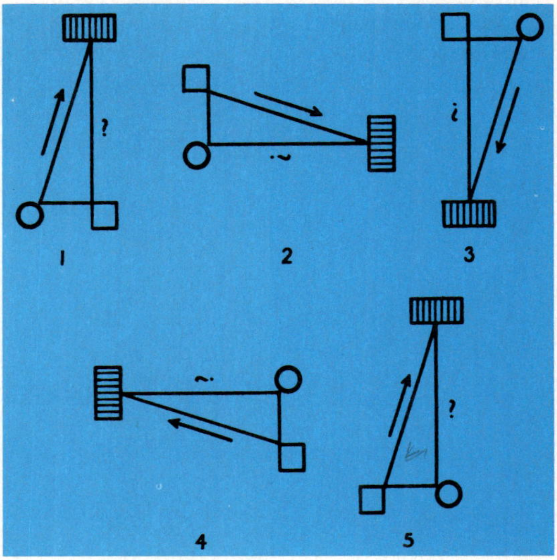

25

Suchen Sie die richtige Lösung.

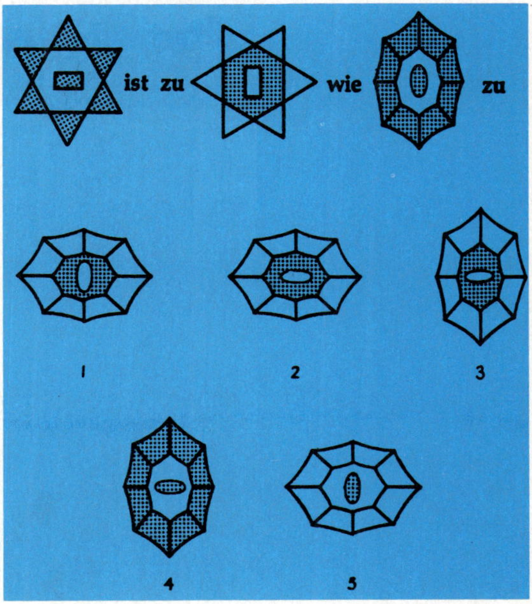

26

Setzen Sie den fehlenden Buchstaben ein.

K	N	H
P	T	L
I	N	?

27

Suchen Sie die richtige Lösung.

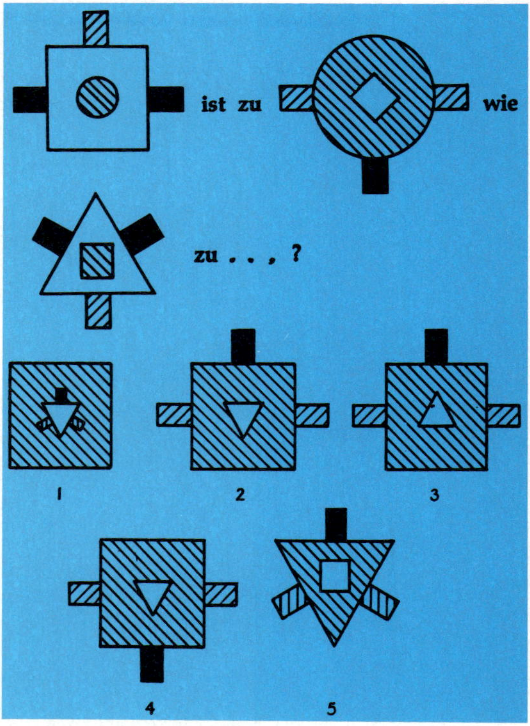

28

Unterstreichen Sie die Zeile, die nicht den Namen eines berühmten Komponisten enthält.

SIONIRS

SATSURS

REVID

MALESO

29

Setzen Sie das Wort ein, das in der Klammer fehlt.

WIEDERGABE (AGIL) STILIST

HALBAFFE (. . . .) RÄTSEL

30

Setzen Sie das Wort ein, mit dem das erste Wort endet und das zweite beginnt. (Schlüsselwort: SCHMAL.)

T (. . . . .) E

31

Suchen Sie unter den numerierten Figuren die richtige heraus.

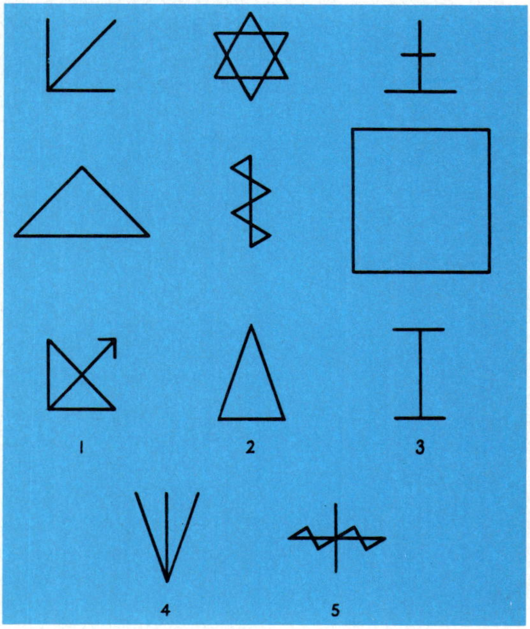

32

Setzen Sie die fehlende Zahl ein.

7	9	5	11
4	15	12	7
13	8	11	....

Test eins

33

Unterstreichen Sie die Stadt, die nicht zu den anderen paßt.

Helsinki **Washington** **London** **Paris**

New York **Berlin** **Ottawa**

34

Suchen Sie unter den numerierten Figuren die richtige heraus und schreiben Sie die Nummer in das Quadrat.

35

Setzen Sie die fehlende Zahl ein.

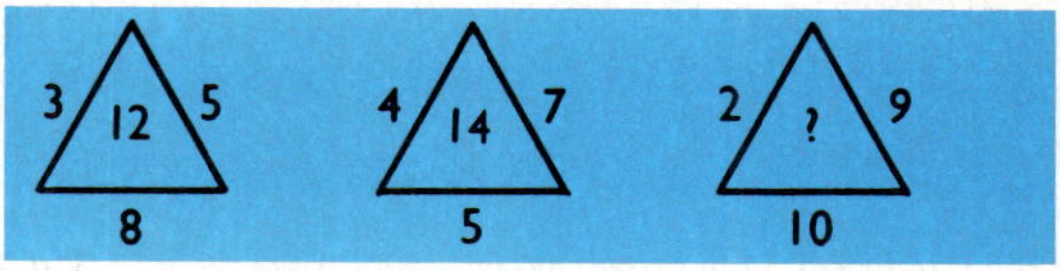

36

Setzen Sie die fehlenden Buchstaben ein.

A	F		J	I
D	C		G	L

37

Setzen Sie das Wort in die Klammer, mit dem das erste Wort endet und das zweite beginnt. (Schlüsselwort: ÜPPIG.)

ST (. . . . .) TUM

38

Setzen Sie die fehlende Zahl ein.

8 10 14 18 .... 34 50 66

39

Setzen Sie den nächsten Buchstaben in dieser Reihe ein.

A D A E A G A I A M A ....

40

Setzen Sie die fehlende Zahl ein.

2 7 24 77 ....

Test zwei

1

Setzen Sie die fehlende Zahl ein.

8 12 16 20 ....

2

Suchen Sie unter den numerierten Figuren die richtige heraus und schreiben Sie die Nummer in das Quadrat.

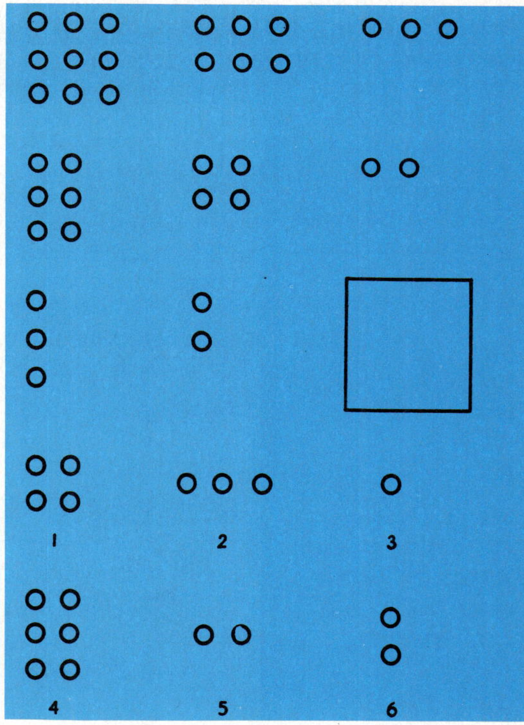

3

Welche dieser Städte liegt nicht in Europa?

HANTE

SOUKAM

MAADLIN

GATHWONNIS

SMORW

Test zwei

4

Setzen Sie die beiden fehlenden Zahlen ein.

6   9   18   21   42   45   ....

5

Unterstreichen Sie das Wort, das nicht zu den anderen paßt.

Jupiter   Hermes   Mars   Neptun   Merkur

6

Unterstreichen Sie das Wort, das nicht zu den anderen paßt.

Löwe   Fuchs   Giraffe   Hering   Hund

7

Setzen Sie das Wort ein, das in der Klammer fehlt.

NIEDERSCHLAG (TAU) SEIL

FEIER (. . . .) HART

8

Setzen Sie das Wort ein, mit dem das erste Wort endet und das zweite beginnt. (Schlüsselwort: FARBE.)

B (. . .) TE

9

Setzen Sie die fehlende Zahl ein.

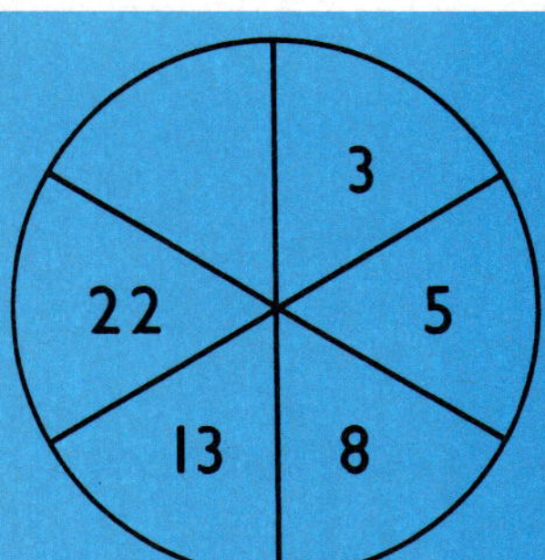

10

Suchen Sie unter den numerierten Figuren die richtige heraus.

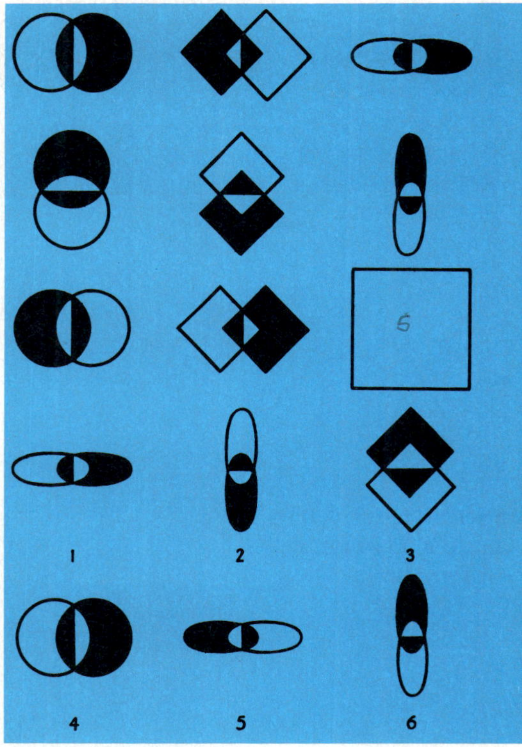

11

Setzen Sie den fehlenden Buchstaben ein.

A D H M S ....

12

Setzen Sie das Wort ein, das in der Klammer fehlt.

HAND (. . . .) JUNGE

13

Setzen Sie die fehlende Zahl ein.

4	6	9	13
7	10	15	

Test zwei

14

Setzen Sie das Wort in die Klammer ein, dem jeder der Buchstaben auf der linken Seite vorangestellt werden kann.

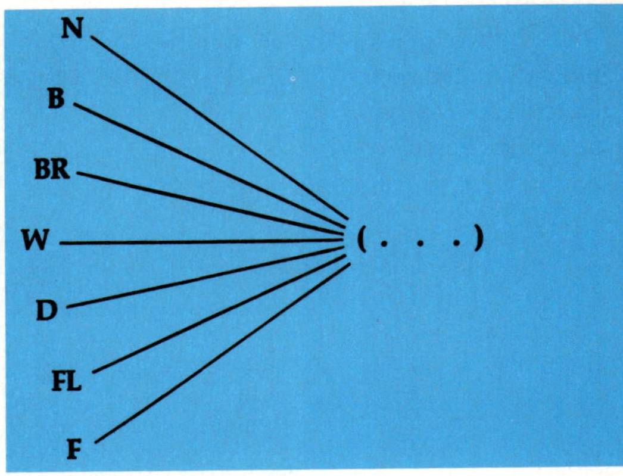

15

Streichen Sie die Figur an, die nicht zu den anderen paßt.

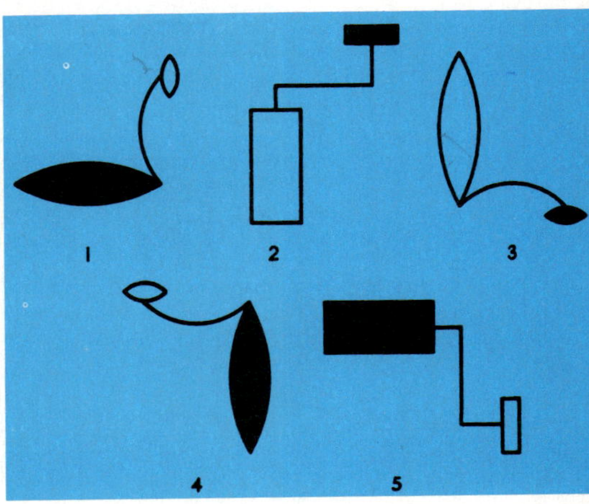

16

Unterstreichen Sie das Wort, das nicht zu den anderen paßt.

Gast Helm Albino Grab Relief Gesang

17

Setzen Sie die fehlende Zahl ein.

7	16	9
5	21	16
9	....	4

18

Suchen Sie unter den numerierten Figuren die richtige heraus und schreiben Sie die Nummer in das Quadrat.

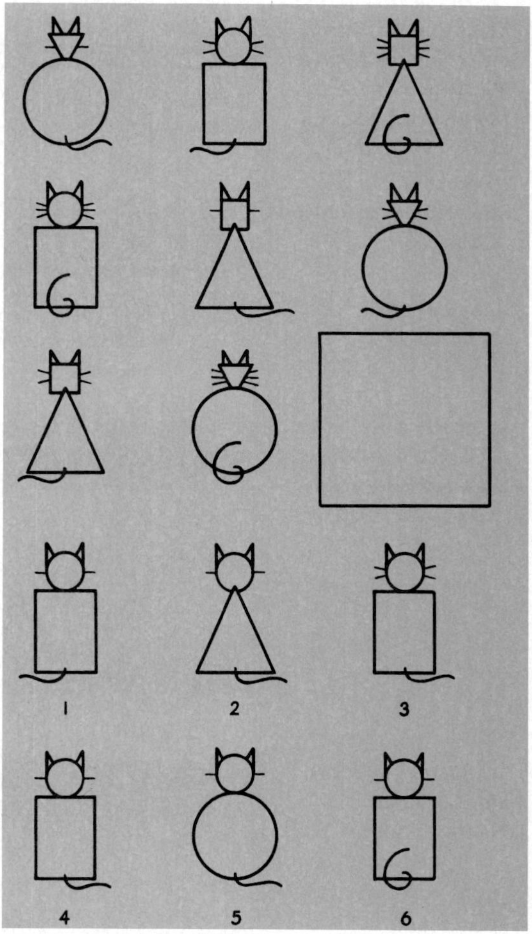

19

Unterstreichen Sie die Zeile, die nicht den Namen einer Insel enthält.

TLAAM

GERNPILS

LIDNAR

PICRA

Test zwei

20

Setzen Sie das Wort ein, mit dem das erste Wort endet und das zweite Wort beginnt.

ZU (. . .) VE

21

Setzen Sie die fehlende Zahl ein.

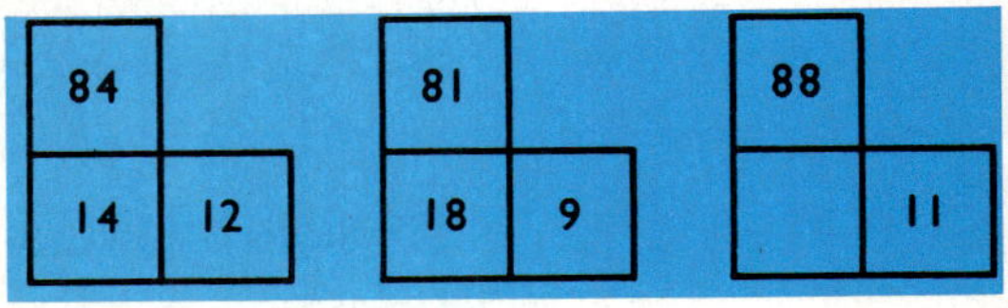

22

Unterstreichen Sie die Figur, die nicht zu den anderen paßt.

23

Setzen Sie das Wort ein, das in der Klammer fehlt.

83 (DACH) 14

25 (. . . .) 94

24

Setzen Sie das Wort ein, das dieselbe Bedeutung hat wie die beiden Wörter außerhalb der Klammer.

VERMUTLICH (. . . .) GLÜCK

25

Setzen Sie die folgende Aufgabe fort.

HOLSTEIN 83527614 LOHN 6495
LOSE 7548 SEI ....

26

Setzen Sie den fehlenden Buchstaben ein.

N Q L S J U ....

27

Mit welcher der fünf numerierten Figuren wird die obere Reihe fortgesetzt?

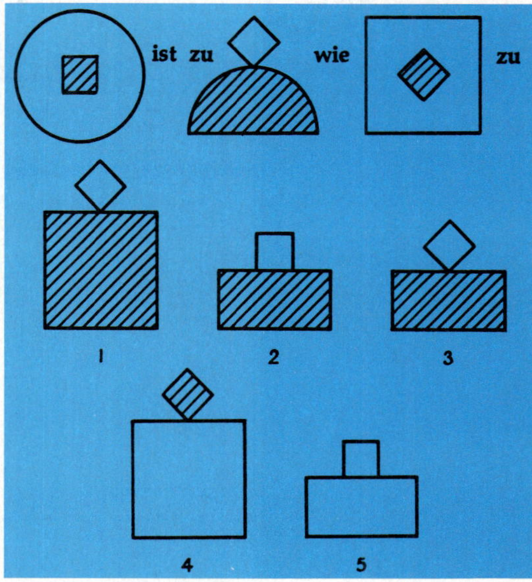

28

Setzen Sie das fehlende Wort in die Klammer ein.

CN (DORF) SG

QD (. . . .) JN

29

Suchen Sie unter den numerierten Figuren die richtige heraus.

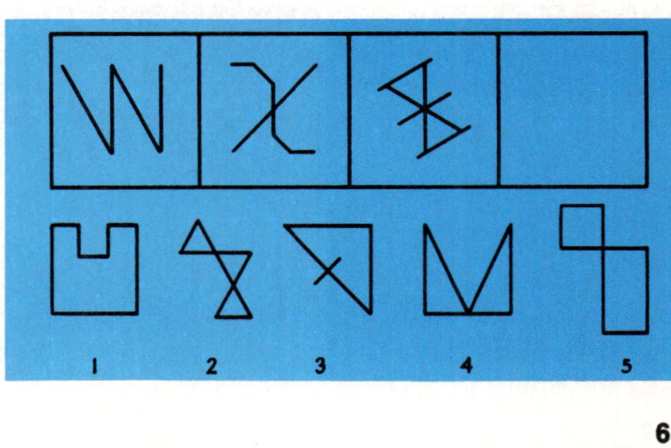

Test zwei

30

Setzen Sie das Wort ein, mit dem das erste Wort endet und das zweite beginnt.

K (. . .) RE

31

Suchen Sie unter den numerierten Figuren die richtige heraus.

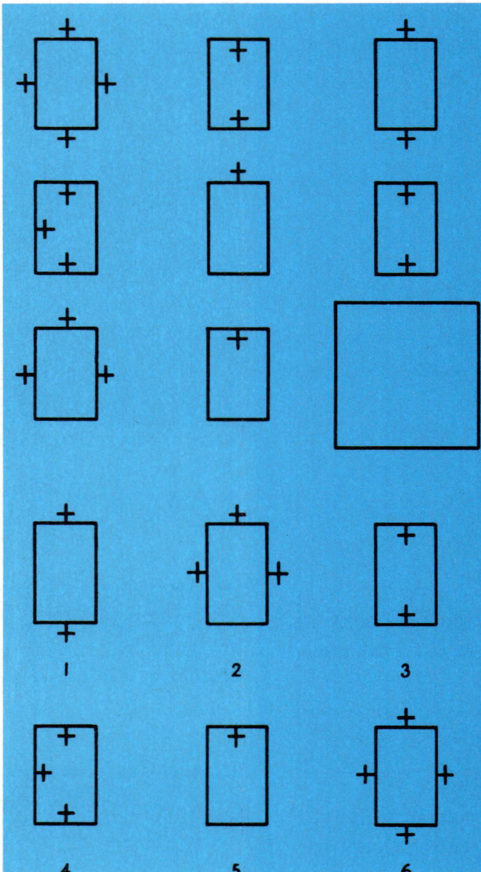

32

Unterstreichen Sie das Wort, das nicht zu den anderen paßt.

Krankheit Dampfer Reiter Salat

33

Setzen Sie die fehlende Zahl ein.

8	17	5
12	....	16
10	11	9

34

Setzen Sie die fehlende Zahl ein.

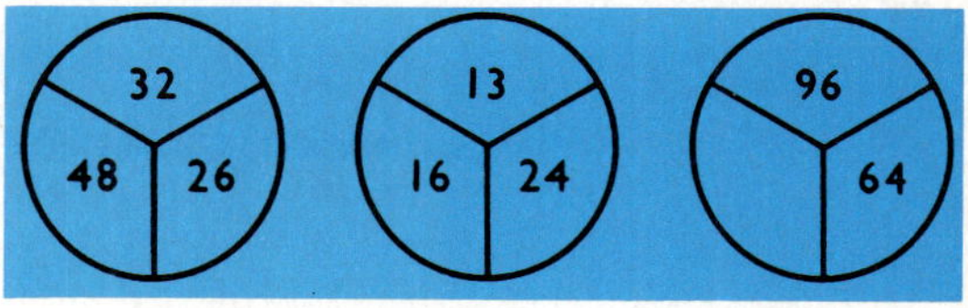

35

Setzen Sie die fehlende Zahl und den fehlenden Buchstaben ein.

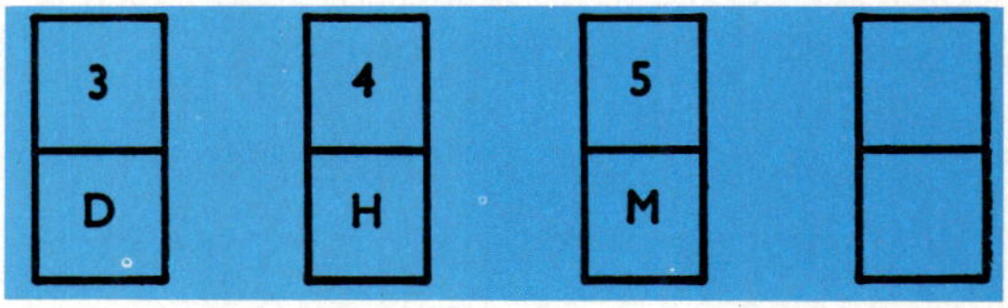

36

Unterstreichen Sie das Wort, mit dem der Satz beendet werden kann.

Appetit verhält sich zu Speise wie Sadismus zu:

Essen   Askese   Qual   Schlemmerei   Getränk

37

Setzen Sie das Wort in die Klammer, das dieselbe Bedeutung hat wie die beiden Wörter außerhalb der Klammer.

GRUBE (. . . . .) RECHNUNG

38

Setzen Sie die Zahl ein, die die Reihe vervollständigt.

7   9   40   74   1526   ....

Test zwei

39

Unterstreichen Sie das Wort, mit dem der Satz fortgesetzt werden kann.

Palimpsest verhält sich zu Palindrom wie abkratzen zu:

wiederholen umdrehen zurückziehen

umerziehen vermindern wiederverkaufen

40

Setzen Sie den fehlenden Buchstaben ein.

B E .... Q Z

Test drei

Test drei

1

Setzen Sie die fehlende Zahl ein.

25 20 15 10 ....

2

Unterstreichen Sie das Wort, das nicht zu den anderen paßt.

Fuhrwerk Auto Omnibus Lastwagen Schlitten

3

Setzen Sie die fehlende Zahl ein.

3 7 16 35 ....

4

Suchen Sie unter den numerierten Figuren die richtige heraus und schreiben Sie die Nummer in das Quadrat.

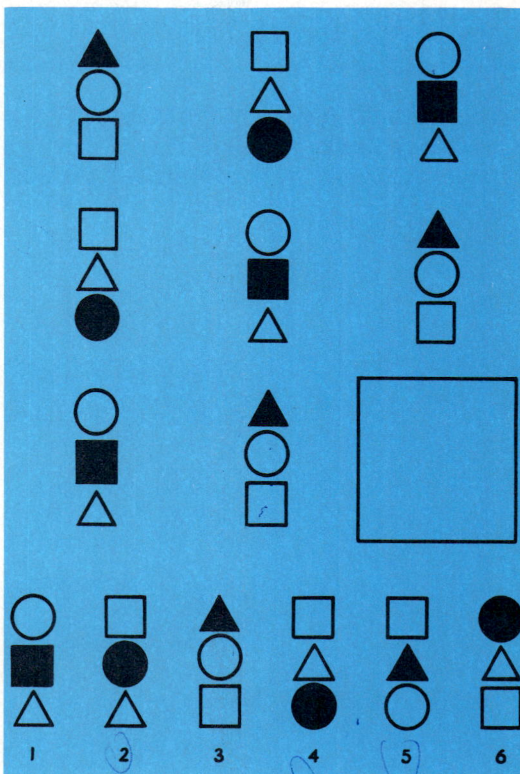

Test drei

5

In jeder der folgenden Zeilen steckt der Name eines Tieres. Unterstreichen Sie das kleinste von ihnen.

NOBIS

ZAKET

RADREM

ASUM

IRGAFFE

6

Unterstreichen Sie das Wort, das nicht zu den anderen paßt.

Ameise **Spinne** **Biene** **Motte** **Mücke**

7

Suchen Sie unter den numerierten Figuren die richtige heraus.

8

Setzen Sie das Wort ein, mit dem das erste Wort endet und das zweite beginnt.

RO (. . .) TEL

9

Setzen Sie ein Wort ein, das dieselbe Bedeutung hat wie die beiden Wörter außerhalb der Klammer.

KRANKHEIT (. . . .) VOGEL

10

Setzen Sie den fehlenden Buchstaben ein.

M N O L R I V ....

11

Setzen Sie die fehlende Zahl ein.

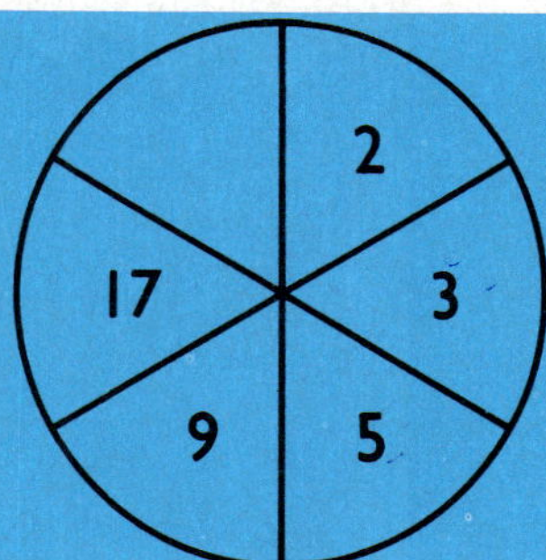

12

Unterstreichen Sie die Figur, die nicht zu den anderen paßt.

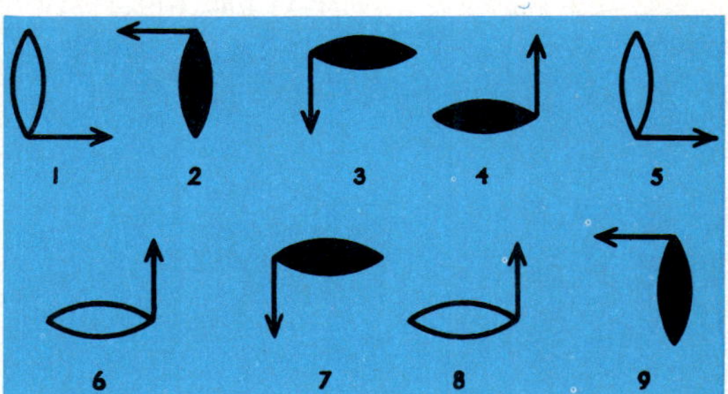

Test drei

13

Setzen Sie die fehlenden Zahlen ein.

14

Suchen Sie die richtige Lösung.

15

Setzen Sie das Wort in die Klammer, dem jeder der Buchstaben auf der linken Seite vorangestellt werden kann.

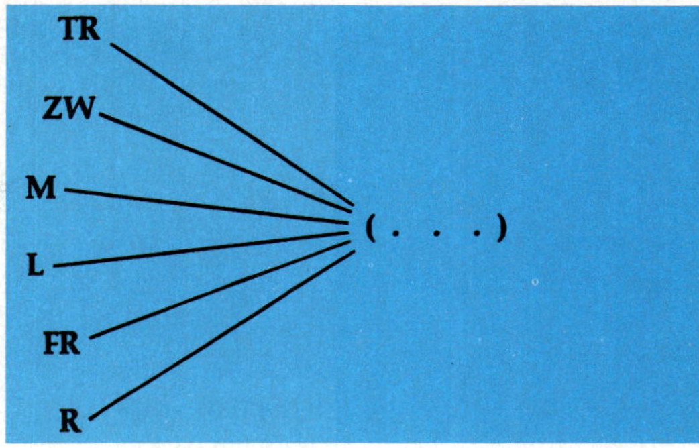

16

Setzen Sie das Wort ein, das in der Klammer fehlt.

SCHUH (LÖFFEL) STIEL

GARTEN (. . . .) KÖNIG

17

Setzen Sie die fehlende Zahl ein.

14	9	5
21	8	13
28	9	....

18

Unterstreichen Sie die Zeile, die keinen männlichen Vornamen enthält.

TEBORR

TEENBIKD

LILMWEH

SEVUN

19

Setzen Sie das Wort ein, mit dem das erste Wort endet und das zweite beginnt.

PLAS (. . . . .) LER

Test drei

20

Unterstreichen Sie das Wort, das nicht zu den anderen paßt.

Oper Klammer Stange Hilfe Abendland Polizei

21

Setzen Sie die fehlende Zahl ein.

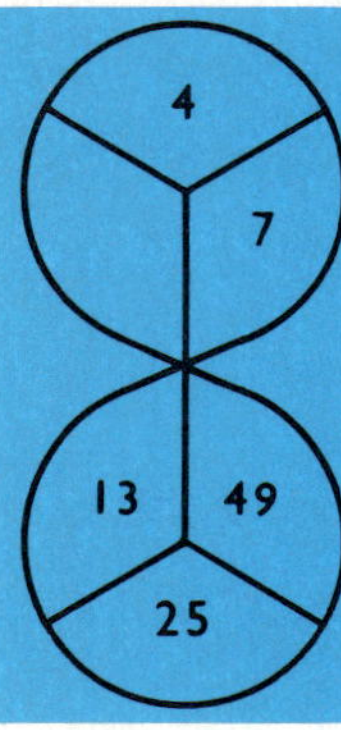

22

Streichen Sie die Figur an, die nicht zu den anderen paßt.

23

Setzen Sie das fehlende Wort ein.

GENOSSE (NEID) IDIOT

TEMPEL (. . . .) PREIS

24

Setzen Sie ein Wort ein, das dieselbe Bedeutung hat wie die beiden Wörter außerhalb der Klammer.

SPIEL (. . . .) BUCHT

25

Setzen Sie den Buchstaben ein, der die folgende Reihe fortsetzt.

sechs C drei I neun ....

26

Setzen Sie den fehlenden Buchstaben ein.

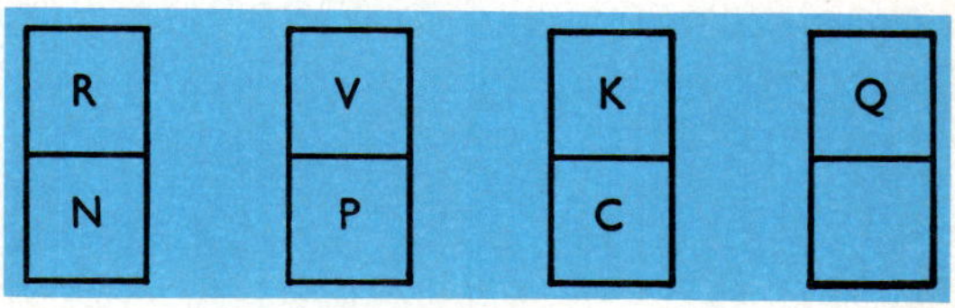

27

Welche der vier numerierten Figuren setzt die obere Reihe fort?

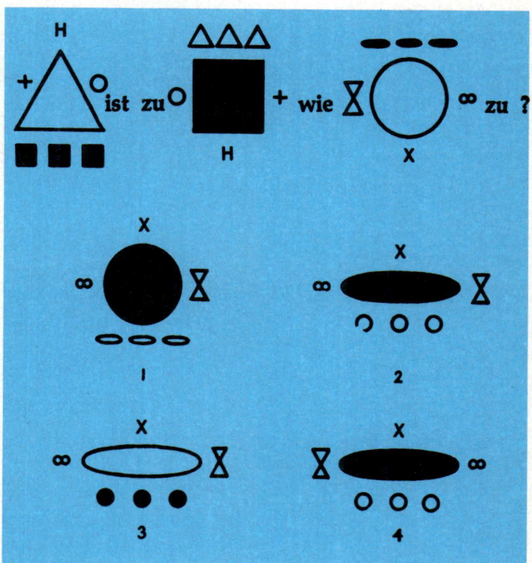

Test drei

28

Setzen Sie das Wort ein, mit dem das erste Wort endet und das zweite beginnt. (Schlüsselwort: GALLERTE.)

I (. . .) D

29

Suchen Sie unter den numerierten Figuren die richtige heraus und schreiben Sie die Nummer in das Quadrat.

30

Setzen Sie die fehlende Zahl ein.

7	14	12
4	12	9
6	24	....

31

Setzen Sie das fehlende Wort in die Klammer ein.

MIST (SIEL) KLEE

BAKE (. . . .) PFUI

32

Setzen Sie den fehlenden Buchstaben ein.

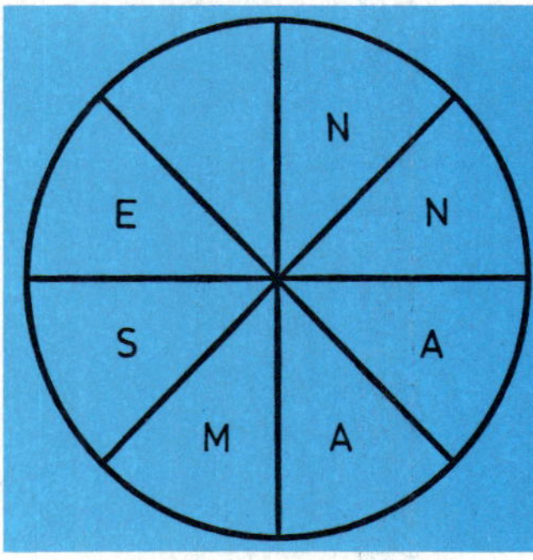

33

Unterstreichen Sie das Wort, das nicht zu den anderen paßt.

Werk **Zucker** **Bahn** **Kristall**

34

Setzen Sie die fehlende Zahl ein.

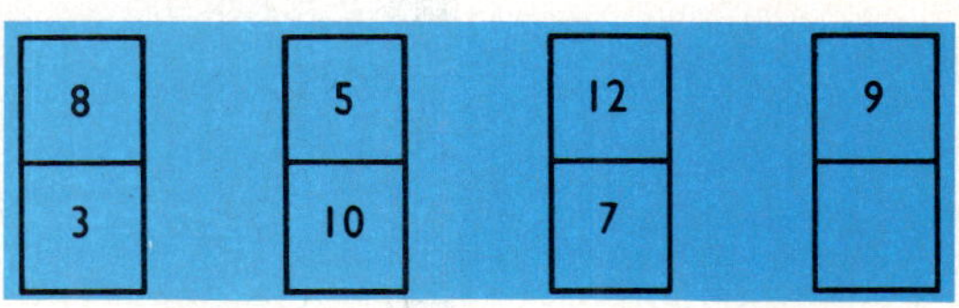

Test drei

35

Setzen Sie die fehlenden Buchstaben ein.

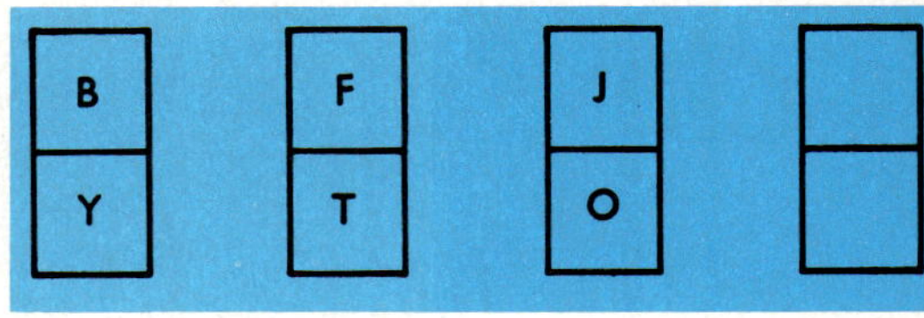

36

Streichen Sie diejenige der numerierten Figuren an, die die Serie in der ersten Reihe fortsetzt.

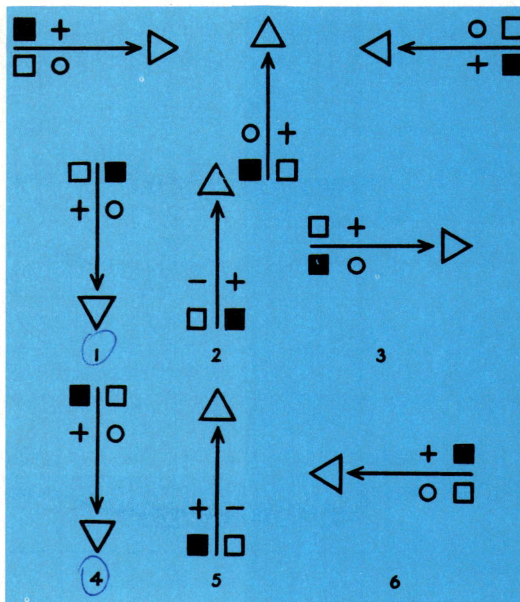

37

Unterstreichen Sie in der vierten Zeile den richtigen Namen.

Hero liebt Leander

Eckhard liebt Katrin

Julia liebt Romeo

Wen liebt Katrin – Udo, Erich oder Andreas?

38

Seit einiger Zeit schon bin ich jeden Sonntag mit meiner Freundin verabredet, pünktlich um 12 Uhr mittags wollen wir uns treffen. Das erste Mal kam sie um halb eins, das zweite Mal um 13.20 Uhr, dann um 14.30 Uhr, schließlich um 16 Uhr. Wann wird sie wohl das nächste Mal kommen?

39

Unterstreichen Sie die Zeile, die nicht zu den anderen paßt.

AZEETRIULOS

OHEELORRUMAELUS

NIVOERINNIURIS

REALTIRGOESTISS

40

Setzen Sie die fehlenden Zahlen ein.

1	3	7	19	
2	2	4	24	

Test vier

Test vier

1

Setzen Sie die fehlende Zahl ein.

36 30 24 18 ....

2

Unterstreichen Sie den Namen, der nicht zu den anderen paßt.

Chamisso Körner Eichendorff Stresemann Gryphius

3

Suchen Sie unter den numerierten Figuren die richtige heraus und schreiben Sie die Nummer in das Quadrat.

4

Setzen Sie die fehlende Zahl ein.

4 9 17 35 139

5

Unterstreichen Sie die Stadt, die nicht zu den anderen paßt.

Schanghai New Orleans Kairo London Kalkutta Osaka

Test vier

6

Unterstreichen Sie die Sportart, die ausschließlich von Männern ausgeübt wird.

FALEUN

KLAFIUS

RENNUT

GREINN

CHEOKY

7

Setzen Sie den fehlenden Buchstaben ein.

D K G N .... Q M T

8

Setzen Sie das Wort ein, das in der Klammer fehlt.

NÄCHSTER TAG (MORGEN) FRÜHE

FERTIG (. . . .) RAD

9

Setzen Sie die fehlende Zahl ein.

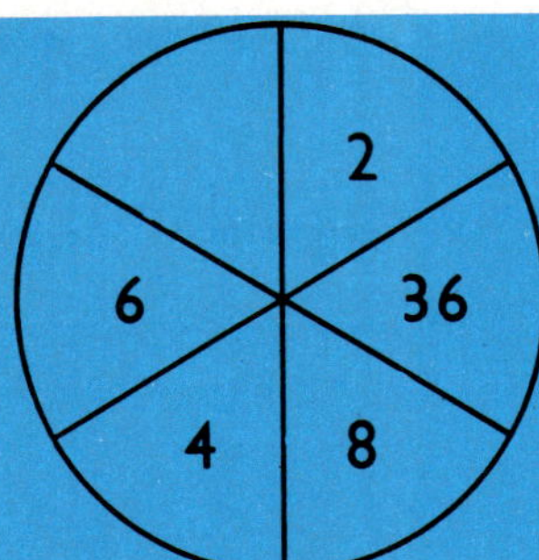

10

Setzen Sie das Wort ein, mit dem das erste Wort endet und das zweite beginnt. (Schlüsselwort: BESTECHLICH.)

P (. . . .) EN

11

Streichen Sie die beiden der folgenden sechs Figuren an, die nicht ein Paar bilden.

12

Setzen Sie die fehlende Zahl ein.

16	28	41	58
37	49	62	

13

Setzen Sie das Wort in die Klammer, dem jeder der Buchstaben auf der linken Seite vorangestellt werden kann.

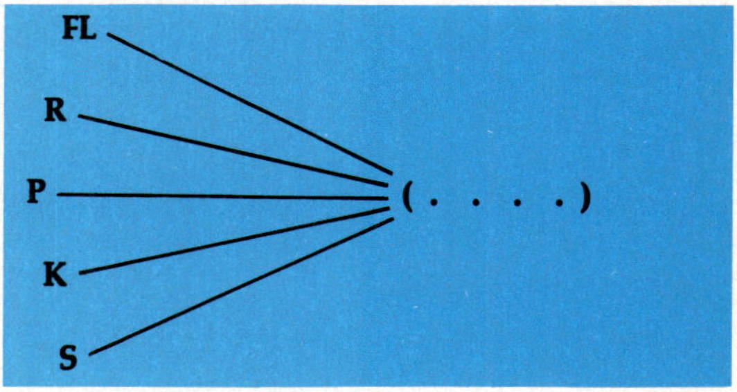

14

Setzen Sie die fehlende Zahl ein.

9	4	20
8	5	12
7	6	....

15

Setzen Sie für die Wörter in den Klammern gleichbedeutende Wörter ein.

K + (Längenmaß) = (Arbeitsgerät)

Test vier

16

Suchen Sie unter den numerierten Figuren die richtige Lösung.

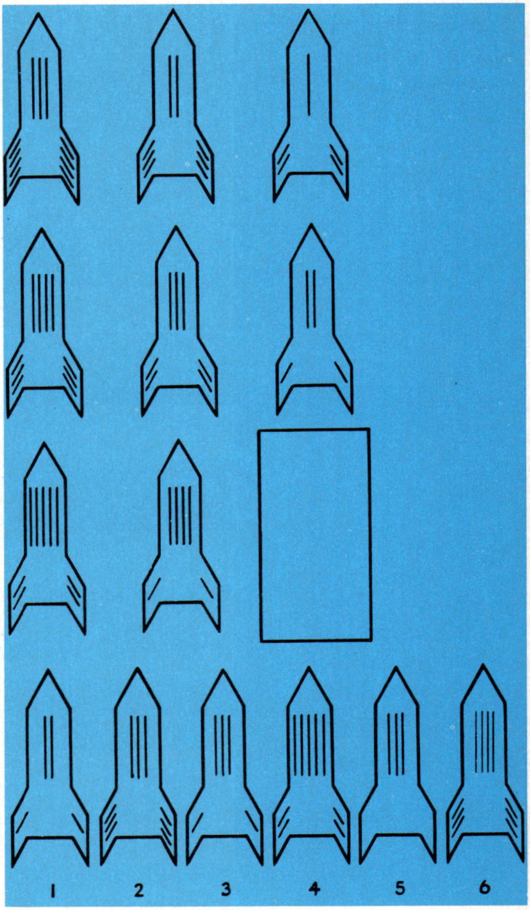

17

Unterstreichen Sie die Zeile, die keinen Mädchennamen enthält.

BELLISY LISTI

TEEMILKNEN ROSID

18

Unterstreichen Sie das Wort, das nicht zu den anderen paßt.

Unternehmen: Treue, Ente, Ruhm, Name, Meer, Turm, Euter

19

Setzen Sie das Wort ein, mit dem das erste Wort endet und das zweite beginnt. (Schlüsselwort: GEWICHT.)

BAL (. . . .) ER

20

Suchen Sie unter den numerierten Figuren die richtige heraus.

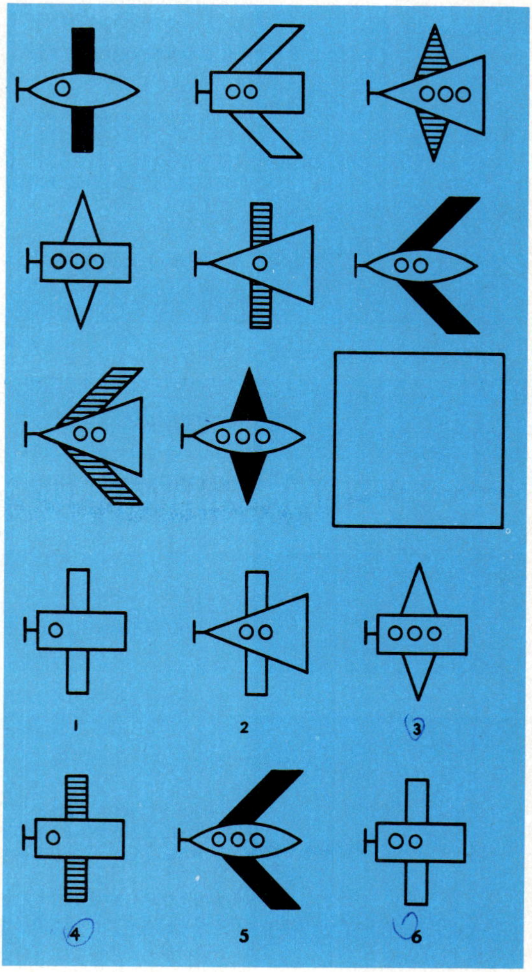

Test vier

21

Setzen Sie die fehlende Zahl ein.

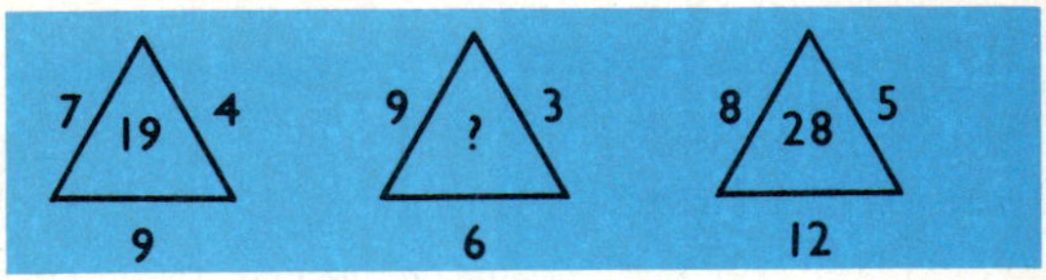

22

Unterstreichen Sie die Figur, die nicht zu den anderen paßt.

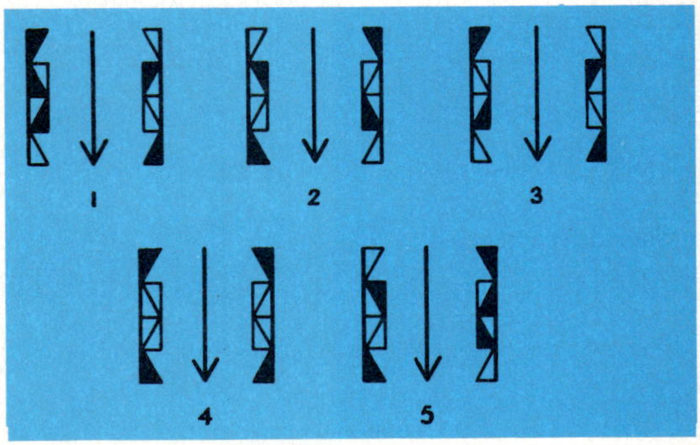

23

Setzen Sie die fehlende Zahl in die Klammer.

188 (300) 263

893 (..........) 915

24

Setzen Sie ein Wort ein, das dieselbe Bedeutung hat wie die beiden Wörter außerhalb der Klammer.

STRUNK (. . . . . . .) MATT

25

Unterstreichen Sie die Zeile, die nicht den Namen eines bekannten Filmstars enthält.

FENK

BOGAR

SALREB

UBERAT

LACHNIP

26

Unterstreichen Sie diejenige der numerierten fünf Figuren, die die obere Reihe fortsetzt.

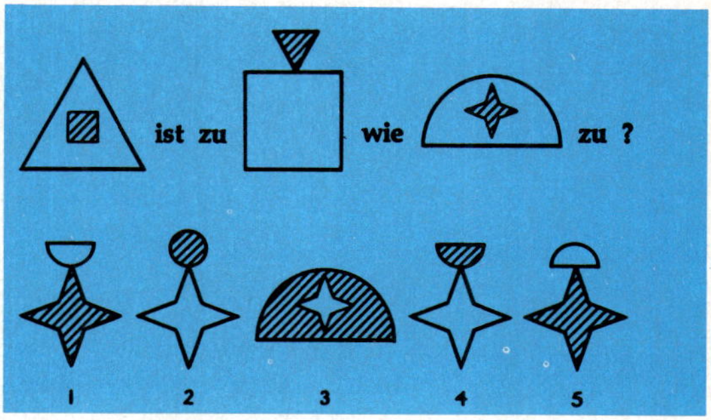

27

Setzen Sie die Zahl ein, die in der Klammer fehlt.

347	(418)	489
643	(..........)	721

28

Suchen Sie unter den numerierten Figuren die richtige heraus.

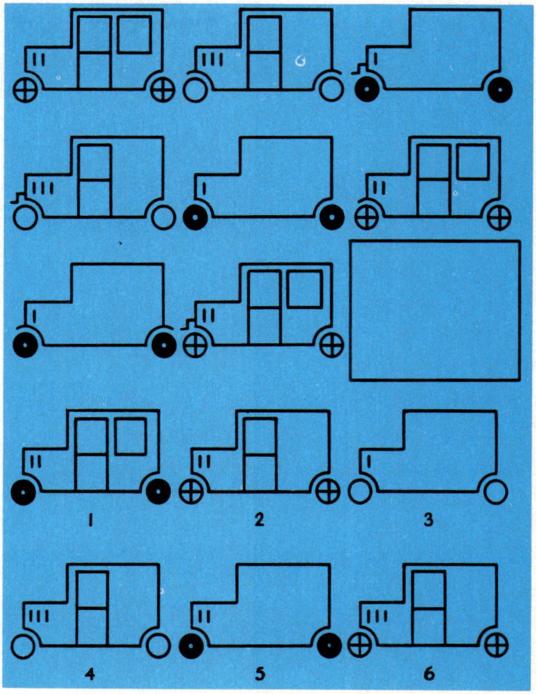

Test vier

29

Setzen Sie den fehlenden Buchstaben ein.

S	P	L
O	K	F
U	P	....

30

Streichen Sie diejenige der sechs numerierten Figuren an, die die Serie in der oberen Reihe fortsetzt.

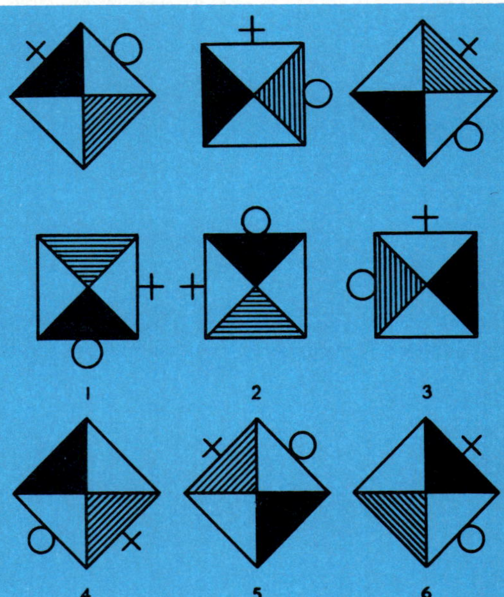

31

Setzen Sie die fehlende Zahl ein.

4	12	10	6
10	3	6	7
6	8	....	5

32

Unterstreichen Sie das Wort, das nicht zu den anderen paßt.

Antrieb	gebrechlich	mahnen	Sucht	Zusatz

33

Setzen Sie das Wort ein, mit dem das erste Wort endet und das zweite Wort beginnt. (Schlüsselwort: (VERBRECHEN.)

ZI (. . .) ZE

34

Setzen Sie den fehlenden Buchstaben ein.

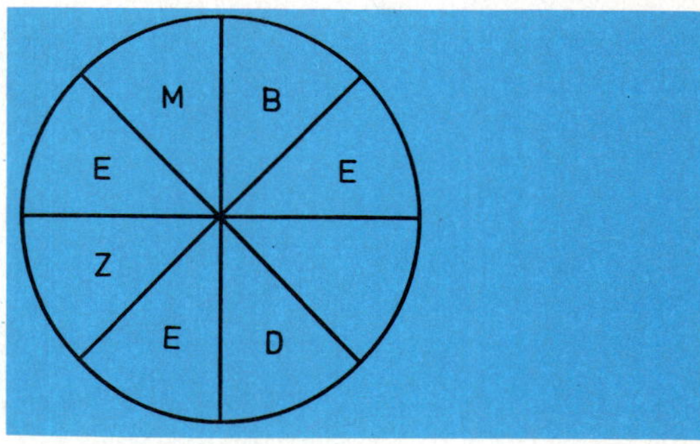

35

Setzen Sie die fehlende Zahl ein.

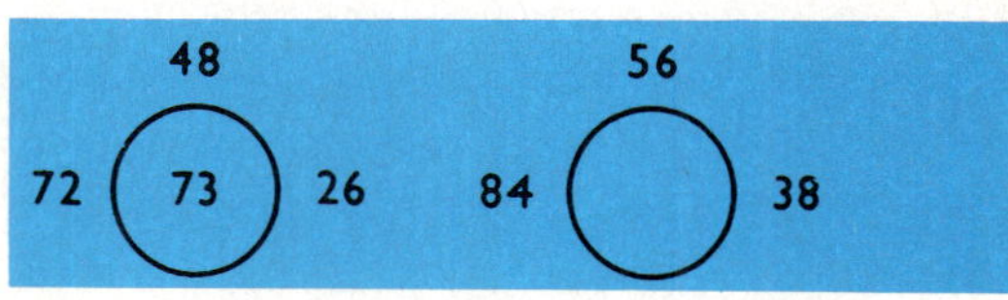

36

Setzen Sie das Wort ein, mit dem das erste Wort endet und das zweite beginnt. (Schlüsselwort: REIF.)

GE (. . . .) SUM

37

Setzen Sie die fehlenden Buchstaben ein.

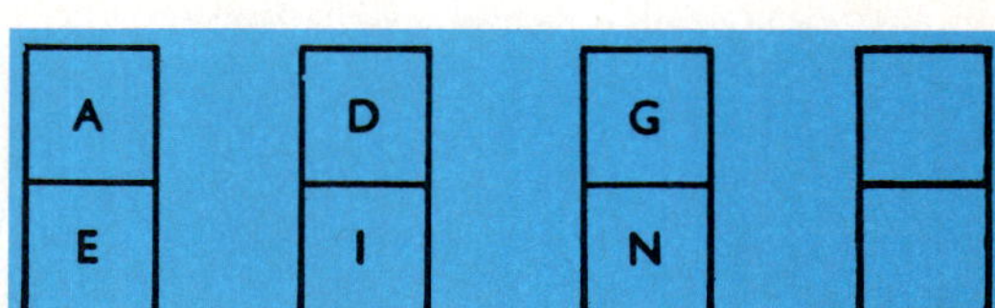

Test vier

38

Unterstreichen Sie den Satz, mit dem die Folge fortgesetzt wird.

Alfred hatte seine Segel. Bruno hatte seine Kuchen. Charly hatte seine Uhren. Wer kommt als nächstes: Herbert mit seinen Maschinen, Hals mit seinen Bildern, Brehm mit seinen Tieren, Hans mit seinen Frauen oder Freud mit seinen Ideen?

39

Setzen Sie den Buchstaben ein, der die Reihe fortsetzt.

C V H O Q ......

40

Setzen Sie die fehlende Zahl ein.

14	10	12	16
84	40	60	

Test fünf

1

Setzen Sie den fehlenden Buchstaben ein.

A D G J ....

2

Unterstreichen Sie den Namen, der nicht zu den anderen paßt.

Rembrandt Shakespeare Tintoretto Raffael Monet

3

Suchen Sie unter den sechs numerierten Figuren die richtige heraus und schreiben Sie die Nummer in das Quadrat.

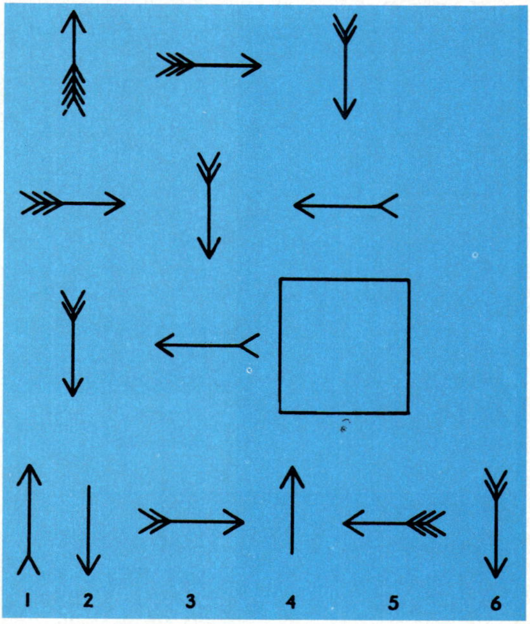

4

Setzen Sie die fehlende Zahl ein.

2 5 9 19 37 ....

5

Unterstreichen Sie das Wort, das nicht zu den anderen paßt.

Hering Delphin Hai Rochen Seezunge Scholle

Test fünf

6

Welche der folgenden Städte liegt in Deutschland?

DOLNON

NEIGLERSHENCK

DADRIM

SOLO

7

Setzen Sie die fehlende Zahl ein.

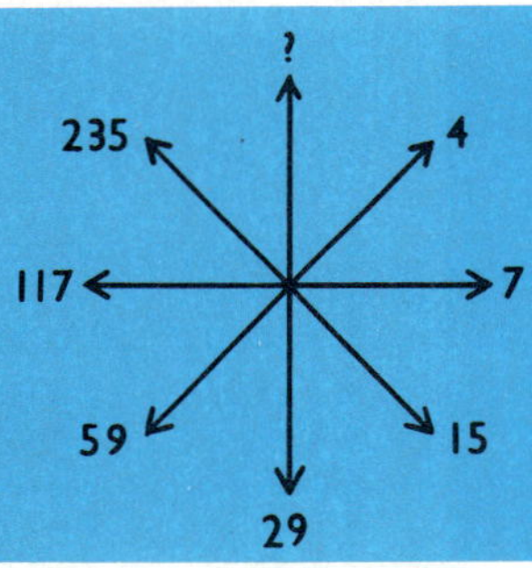

8

Setzen Sie das Wort ein, das in der Klammer fehlt.

GESPENST (. . . . . .) VERSTAND

9

Unterstreichen Sie die beiden Figuren, die kein Paar bilden.

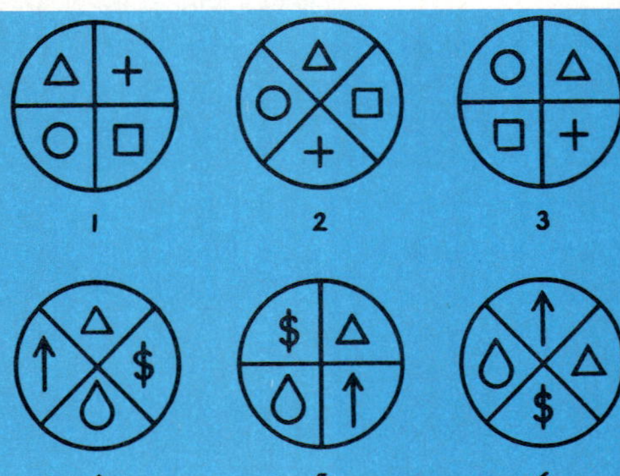

10

Setzen Sie das Wort in die Klammer, mit dem das erste Wort endet und das zweite beginnt. (Schlüsselwort: TIER.)

KAR (. . . .) KT

11

Suchen Sie unter den numerierten Figuren die richtige heraus und schreiben Sie die Nummer in das Quadrat.

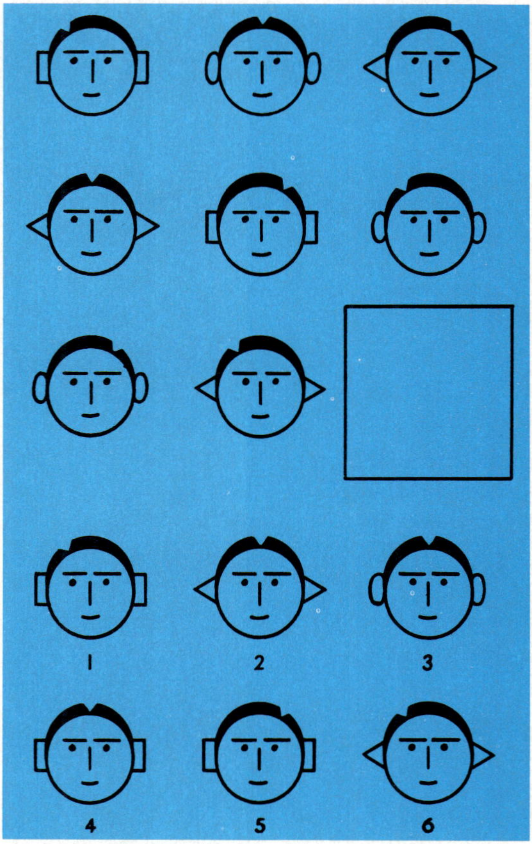

12

Setzen Sie den fehlenden Buchstaben ein.

N O M Q I ......

Test fünf

13

Suchen Sie die Wörter in den Klammern.

T + (Gebiet) = (Phantasie)

14

Suchen Sie das Wort in der Klammer, dem jeder der Buchstaben auf der linken Seite vorangestellt werden kann.

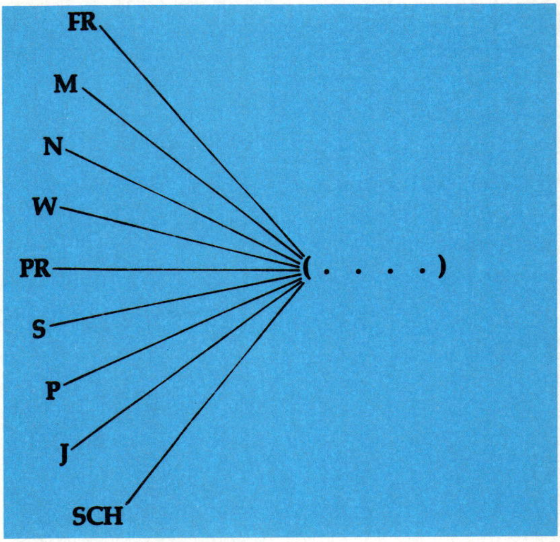

15

Unterstreichen Sie die Zeile, die keinen Tiernamen enthält.

LATFEEN	FEFEAK
LIGERL	TROSCH

16

Setzen Sie die fehlende Zahl ein.

4	6	3	8
2	8	4	4
6	5	....	10

17

Unterstreichen Sie das Wort in der zweiten Zeile, das zu den drei Wörtern in der ersten Zeile paßt.

GANG MANN NOT

Trost Hund Arm Dorf Liebe Dose

18

Suchen Sie unter den numerierten Figuren die richtige heraus und schreiben Sie die Nummer in das Quadrat.

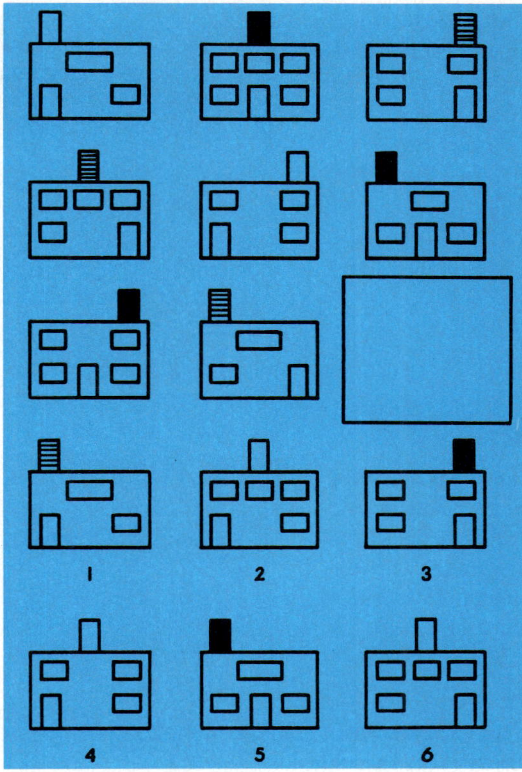

19

Setzen Sie die fehlende Zahl ein.

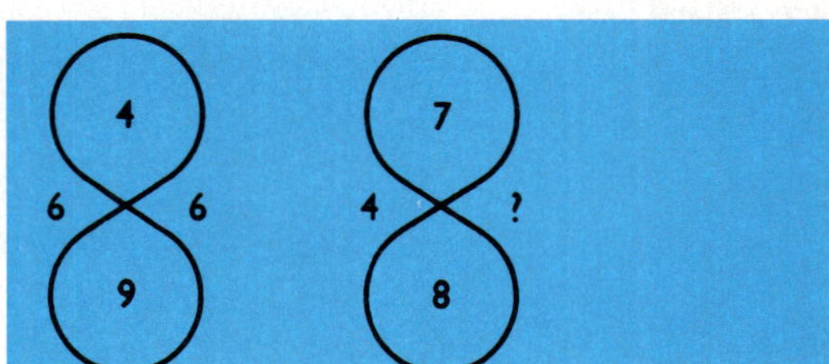

20

Suchen Sie das Wort in der Klammer.

EF (AFFE) 61

BE (. . . .) 94

Test fünf

21

Unterstreichen Sie die Figur, die nicht zu den anderen paßt.

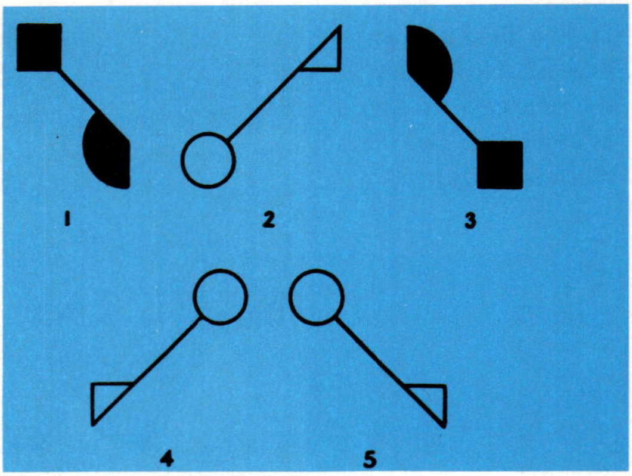

22

Setzen Sie das Wort in die Klammer, mit dem das erste Wort endet und das zweite beginnt. (Schlüsselwort: LEIDER.)

B (. . .) T

23

Unterstreichen Sie diejenige der folgenden Städte, die nicht in Deutschland liegt.

USIBRUGD

RINLEB

VONRAHEN

GLABRUSZ

SAKLES

24

Setzen Sie das Wort in die Klammer, das dieselbe Bedeutung hat wie die beiden Wörter außerhalb der Klammer.

RENNEN (. . . . .) GRAS

25

Suchen Sie unter den numerierten Figuren die richtige heraus und schreiben Sie die Nummer in das Quadrat.

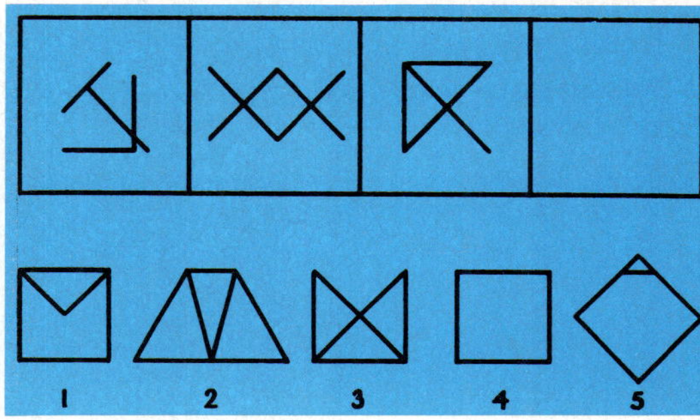

26

Setzen Sie die fehlende Zahl ein.

3 7 15 31 ....

27

Setzen Sie die fehlenden Buchstaben ein.

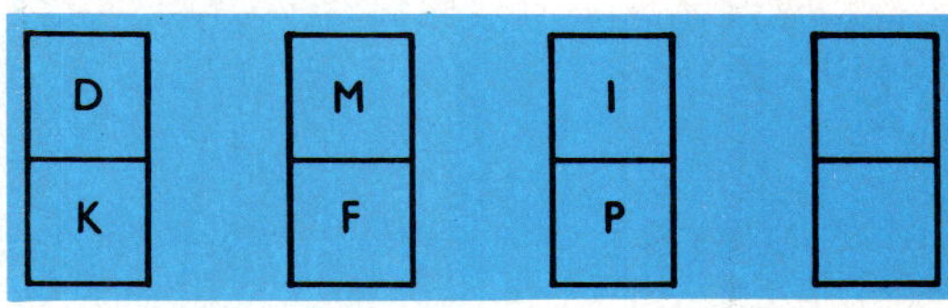

28

Setzen Sie das Wort ein, das in der Klammer fehlt.

ANBLICK (NASE) ESTRICH

ABBITTE (. . . .) EKLATANT

29

Unterstreichen Sie das Wort, das nicht zu den anderen paßt.

Kapital Politur Mauer Stiege Strick

30

Setzen Sie das Wort ein, mit dem das erste Wort endet und das zweite beginnt. (Schlüsselwort: HART.)

F (. . .) R

Test fünf

31

Setzen Sie den fehlenden Buchstaben ein.

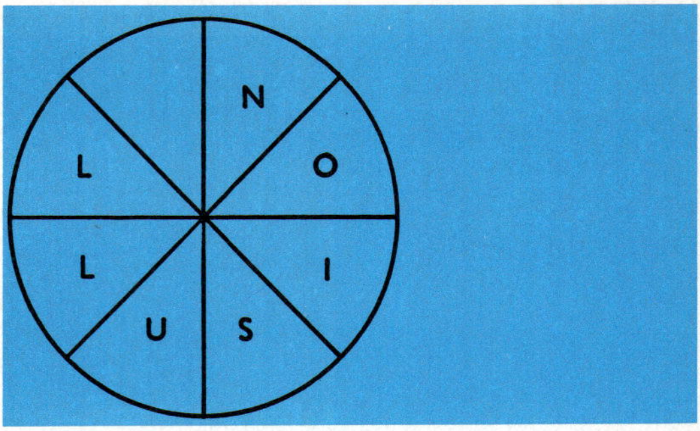

32

Suchen Sie unter den numerierten Figuren die richtige heraus.

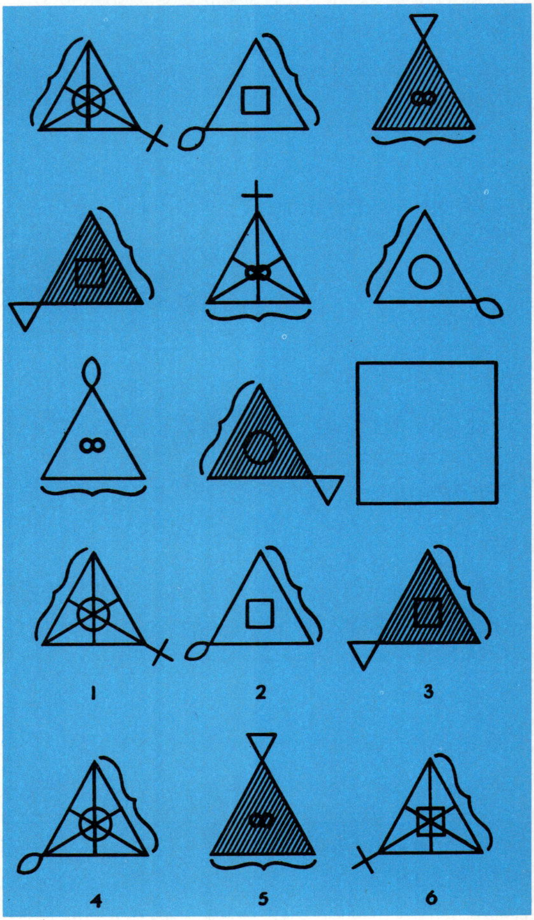

33

Setzen Sie den fehlenden Buchstaben ein.

C	4	K	2	O	3	....

34

Setzen Sie die fehlende Zahl ein.

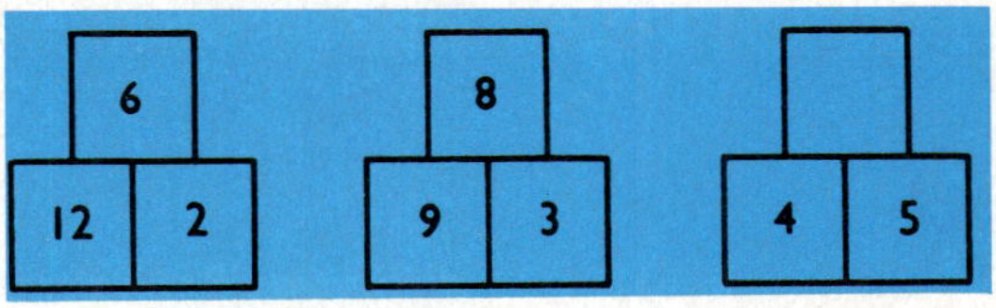

35

Setzen Sie die fehlende Zahl ein.

6	8	7
36	64	49
24	48	....

36

Suchen Sie unter den numerierten Figuren die richtige heraus.

Test fünf

37

In einer Vorlesungsreihe einer Volkshochschule sprachen vier Redner nacheinander über Bismarck, Disraeli, Fouché und Hardenberg. Über wen sprach der nächste Redner: über Napoleon, Washington, Jefferson, Marat oder Palmieri? Unterstreichen Sie den betreffenden Namen.

38

Unterstreichen Sie die Zahl, die nicht zu den anderen paßt.

739 1341 522 1862

39

Setzen Sie die fehlende Zahl ein.

40

Setzen Sie die fehlende Zahl ein.

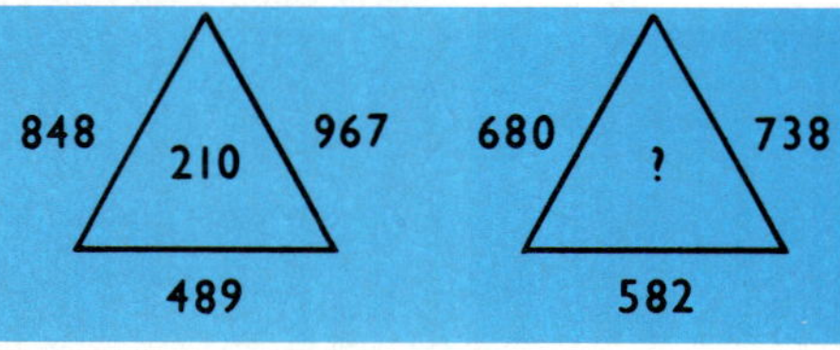

Test sechs

Test sechs

1

Suchen Sie unter den numerierten Figuren die richtige heraus und schreiben Sie die Nummer in das Quadrat.

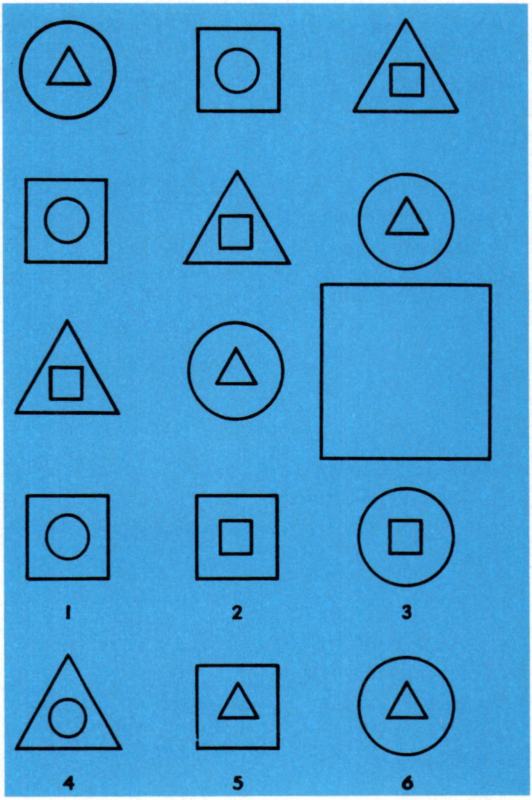

2

Suchen Sie den fehlenden Buchstaben.

F J N R ....

3

Unterstreichen Sie das Wort, das nicht zu den anderen paßt.

Alexander Napoleon Wellington Nelson Hannibal

4

Setzen Sie die fehlende Zahl ein.

8 12 10 16 12 ....

Test sechs

5

Unterstreichen Sie das Wort, das nicht zu den anderen paßt.

Dhau Frachter Rikscha Brigg Dschunke

6

Unterstreichen Sie das Tier, das tatsächlich existiert und kein Fabeltier ist.

NARDECH

FLERWOW

FIRGE

ARIELTUF

7

Setzen Sie das Wort ein, das in der Klammer fehlt.

TEER (PECH) UNGLÜCK

SCHREI (. . .) NAME

8

Setzen Sie das Wort ein, mit dem das erste Wort endet und das zweite beginnt. (Schlüsselwort: DERART.)

TOR (. .) HN

9

Setzen Sie die fehlende Zahl ein.

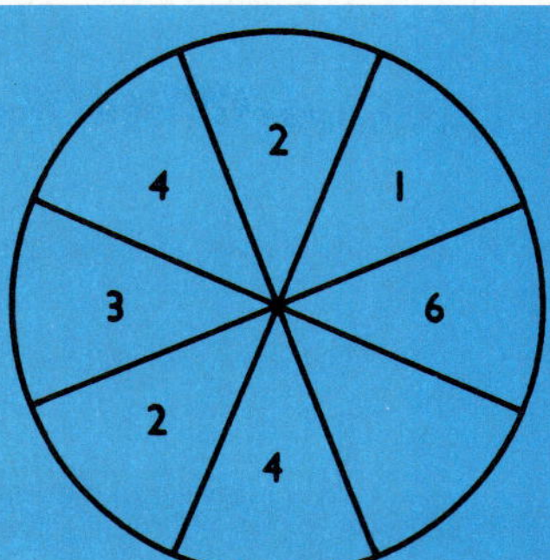

10

Suchen Sie unter den numerierten Figuren die richtige heraus.

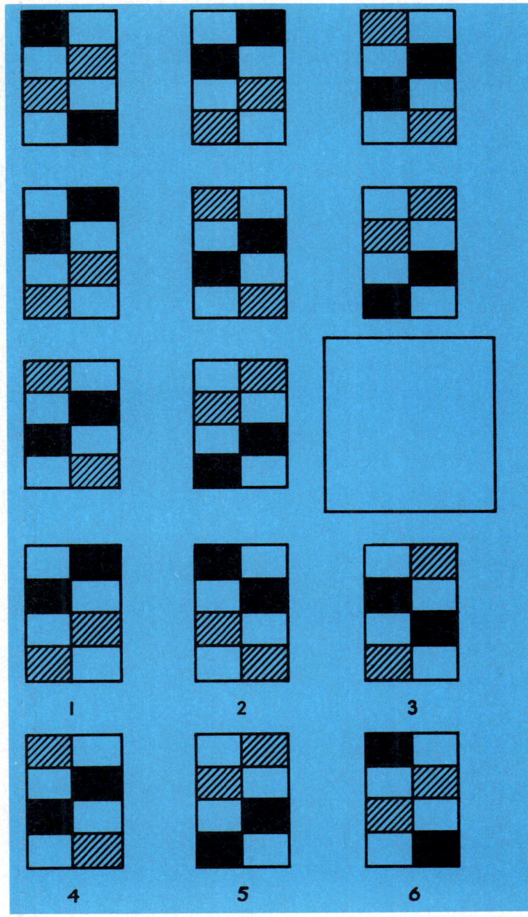

11

Setzen Sie das fehlende Wort in die Klammer ein.

FUCHS (BAU) PLAN

GÜTER (. . .) VOGEL

12

Unterstreichen Sie die Figur, die nicht zu den anderen paßt.

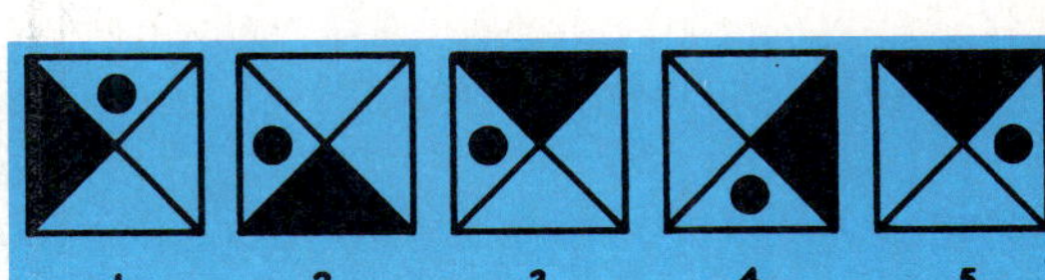

Test sechs

13

Unterstreichen Sie die Zahlenkombination, die nicht zu den anderen paßt.

2	5	3	4	1
3	7	6	8	7

14

Setzen Sie ein Wort in die Klammer, dem jeder der Buchstaben auf der linken Seite vorangestellt werden kann.

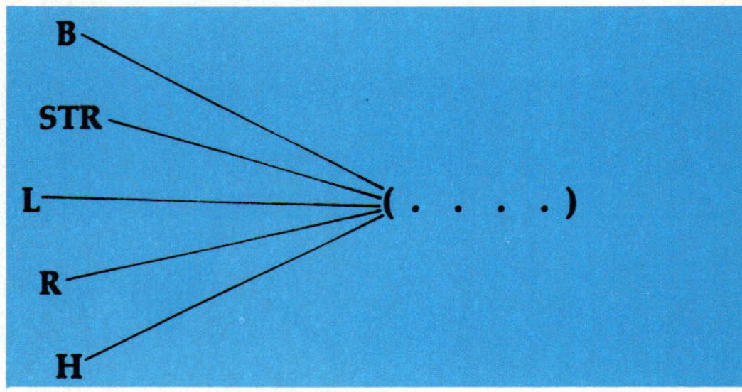

15

Setzen Sie den fehlenden Buchstaben ein.

H	K	Q
C	G	O
E	J	....

16

Setzen Sie die fehlende Zahl ein.

6	10	14
12		22
19	25	31

17

Unterstreichen Sie das Wort, das nicht zu den anderen paßt.

Eingedenk: denn, Knie, Idee, rege, Kind, Degen, Ende, Ding, Eid

18

Setzen Sie das Wort ein, mit dem das erste Wort endet und das zweite beginnt. (Schlüsselwort: TÖLPEL.)

MO (. . .) TUR

19

Suchen Sie unter den numerierten Figuren die richtige heraus.

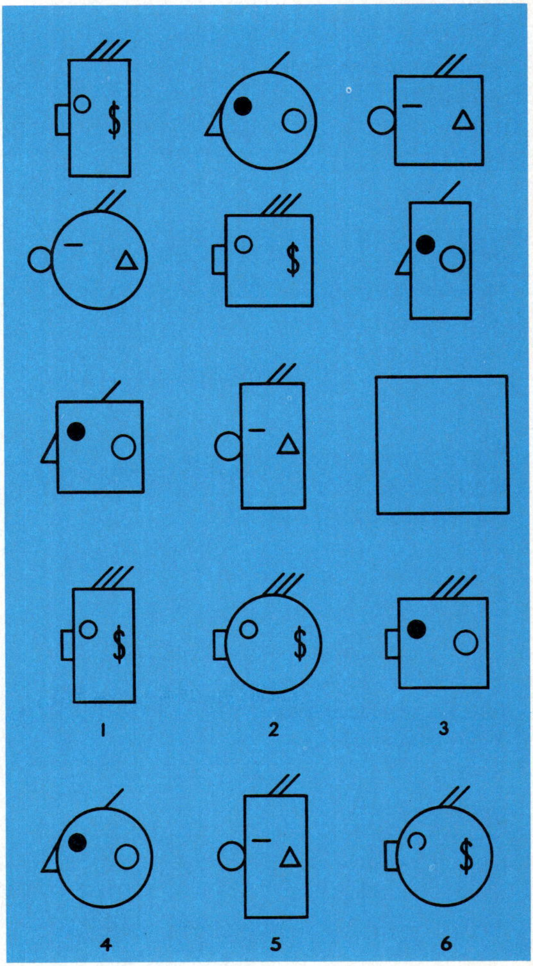

Test sechs

20

Unterstreichen Sie die Stadt, die nicht in den Vereinigten Staaten von Amerika liegt.

GICOHAC

HENAT

TONSOB

GOTHNINSAW

21

Setzen Sie die fehlende Zahl ein.

22

Unterstreichen Sie die Figur, die nicht zu den anderen paßt.

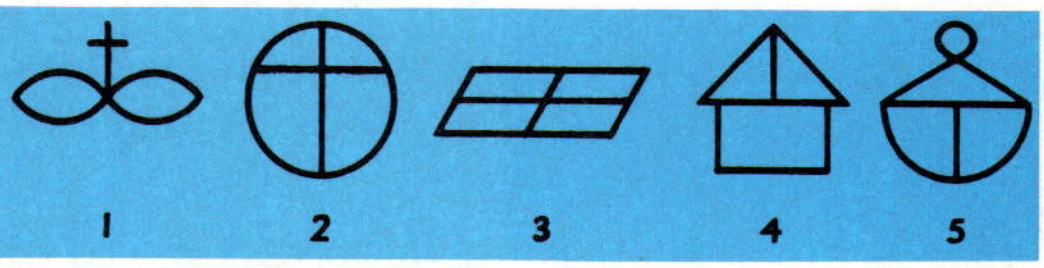

23

Setzen Sie das Wort ein, das in der Klammer fehlt.

SCHLÜSSELBART (BALL) KELLER

ENGERLING (. . . .) WEBER

24

Setzen Sie das Wort ein, das dieselbe Bedeutung hat wie die beiden Wörter außerhalb der Klammer.

AUSFLUG (. . . . .) SCHWUNG

25

Unterstreichen Sie die Figur, die nicht zu den anderen paßt.

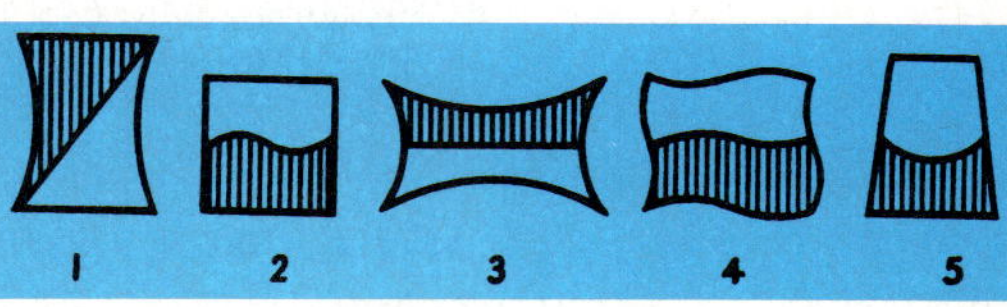

26

Unterstreichen Sie dasjenige der folgenden Tiere, das weniger als vier Beine hat.

TARTE

GIERT

ETALFEN

ORBASALT

GUAJAR

27

Setzen Sie die fehlende Zahl in die Klammer ein.

164	(225)	286
224	(.........)	476

28

Unterstreichen Sie die Zahl, die nicht zu den anderen paßt.

837 612 549 422 342

29

Setzen Sie das Wort ein, mit dem das erste Wort endet und das zweite beginnt. (Schlüsselwort: PAUSE.)

MO (. . . .) ER

30

Setzen Sie das Wort ein, das in der Klammer fehlt.

25	(DIEB)	94
83	(. . . .)	14

31

Setzen Sie die fehlende Zahl ein.

8	3	21
6	5	25
12	2	......

Test sechs

32

Suchen Sie unter den numerierten Figuren die richtige heraus.

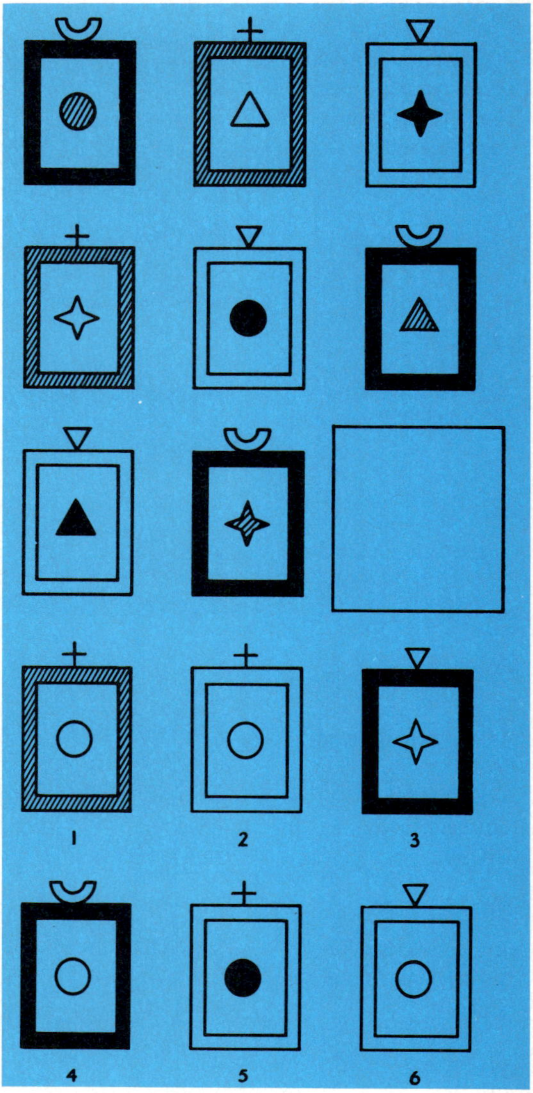

33

Unterstreichen Sie das Wort, das nicht zu den anderen paßt.

Stuhl   Bett   Laufgitter   Tisch   Sofa

34

Setzen Sie die fehlende Zahl ein.

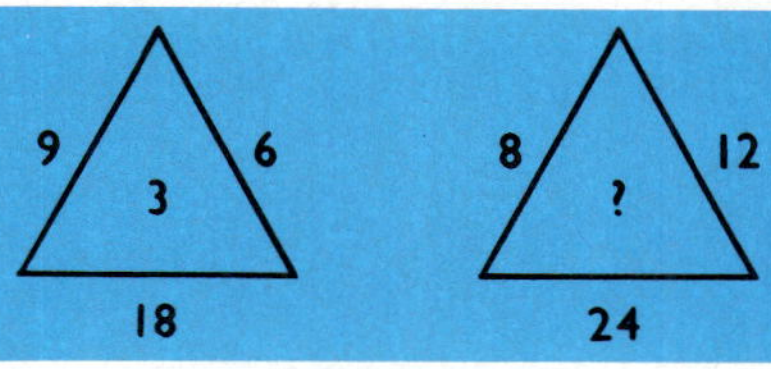

35

Setzen Sie den fehlenden Buchstaben ein.

L	O	T
D	H	O
P	S	....

36

Unterstreichen Sie die Zahl, die nicht zu den anderen paßt.

9 25 36 78 144 196

37

Setzen Sie den fehlenden Buchstaben ein.

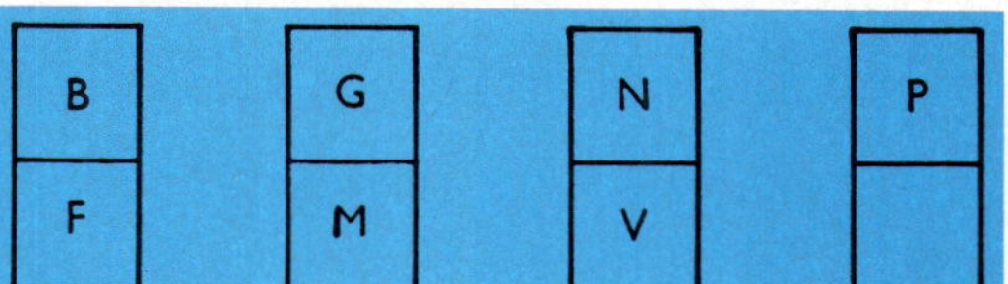

38

Setzen Sie die fehlende Zahl ein.

7 15 32 .... 138 281

39

BAGG verhält sich zu Wilhelm dem Eroberer wie BEJC zu wem?

40

Setzen Sie die fehlende Zahl ein.

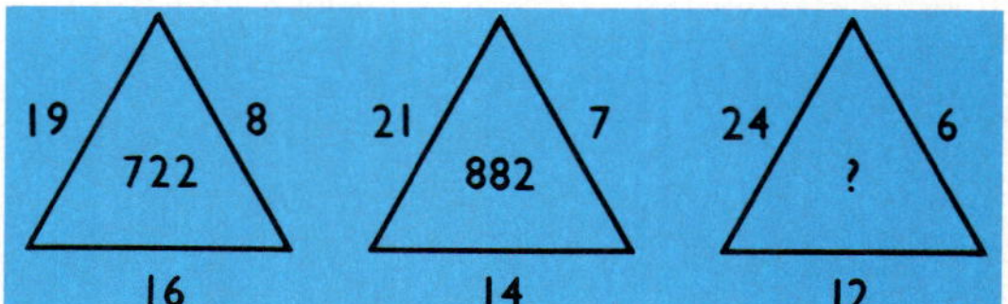

Test sieben

Test sieben

1

Setzen Sie den fehlenden Buchstaben ein.

R O L I ....

2

Unterstreichen Sie das Wort, das nicht zu den anderen paßt.

Mozart Bach Sokrates Händel Beethoven

3

Setzen Sie das Wort ein, das in der Klammer fehlt.

SPRUNG (SATZ) SPRUCH
STURZ (. . . .) ANGELEGENHEIT

4

Unterstreichen Sie die Stadt, die nicht zu den anderen paßt.

Oslo London New York Kairo Bombay
Madrid Rio de Janeiro

5

Ordnen Sie die Buchstaben der folgenden Zeilen so um, daß Tiernamen entstehen, und unterstreichen Sie das größte dieser Tiere.

LARPODE
LESE
SNUKK
EARZB
NIOBS
SEILEW

6

Suchen Sie das Wort in der Klammer, mit dem das erste Wort endet und das zweite beginnt. (Schlüsselwort: WINK.)

VER (. . .) ION

Test sieben

7

Suchen Sie unter den numerierten Figuren die richtige heraus und schreiben Sie die Nummer in das leere Quadrat.

8

Setzen Sie die fehlende Zahl ein.

17 19 .... 20 15

9

Setzen Sie die fehlende Zahl ein.

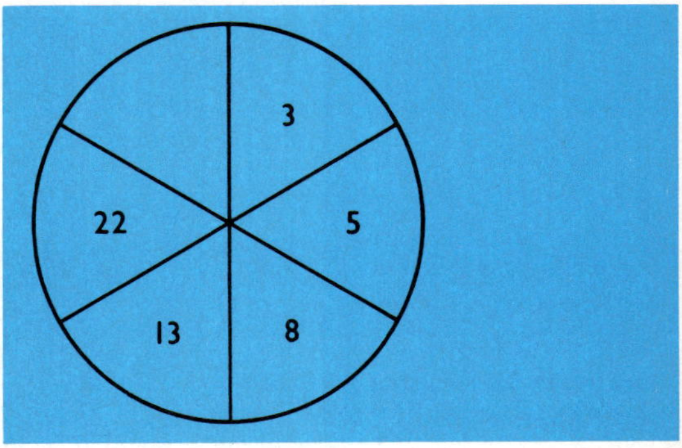

10

Suchen Sie unter den numerierten Figuren die richtige heraus.

11

Setzen Sie die fehlende Zahl ein.

6	12	24	48
2	4	16	

12

Setzen Sie den fehlenden Buchstaben ein.

D H L R ....

Test sieben

13

Unterstreichen Sie von den folgenden Figuren die beiden, die in der Reihenfolge vertauscht sind.

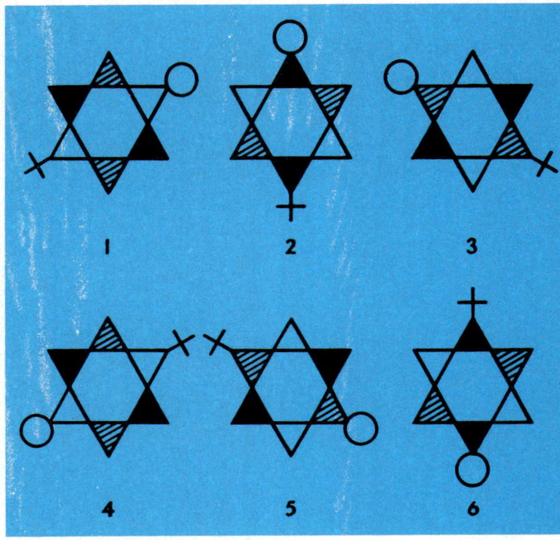

14

Setzen Sie das Wort ein, dem jeder der Buchstaben auf der linken Seite vorangestellt werden kann.

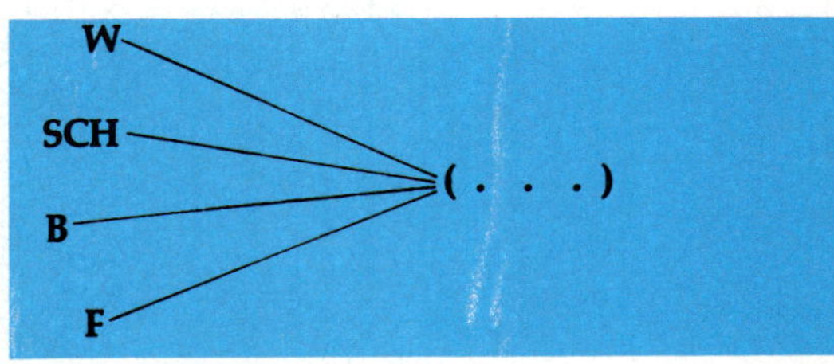

15

Setzen Sie das fehlende Wort in die Klammer ein.

WIND (SPIEL) KARTE

NORD (. . . .) KATZE

16

Setzen Sie die fehlende Zahl ein.

6	4	5
3	2	1
8	5	....

17

Suchen Sie unter den numerierten Figuren die richtige heraus.

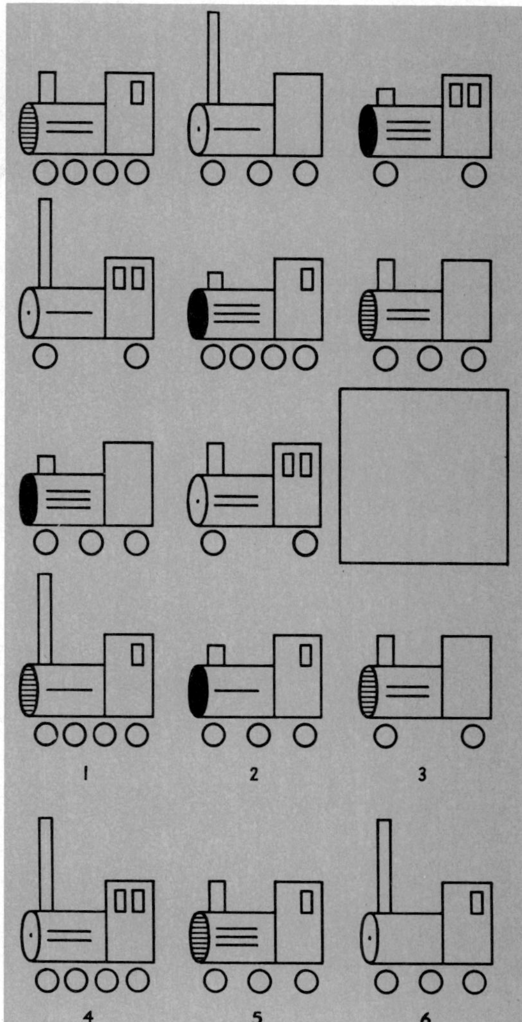

18

Suchen Sie die fehlende Zahl.

17	33	8
5	29	12
13	....	10

Test sieben

19

Unterstreichen Sie das Wort in der unteren Zeile, das zu den drei Wörtern in der oberen Zeile paßt.

GLAS FARBE STOFF

Hund Regen Ball Dose Kugel

20

Setzen Sie das Wort ein, mit dem das erste Wort endet und das zweite beginnt. (Schlüsselwort: KÜHL.)

B (. . .) B

21

Unterstreichen Sie die Zeile, die keine Mannschaftssportart enthält.

FILUSKA

YGBUR

LOOP

LALNDABH

22

Setzen Sie die fehlende Zahl ein.

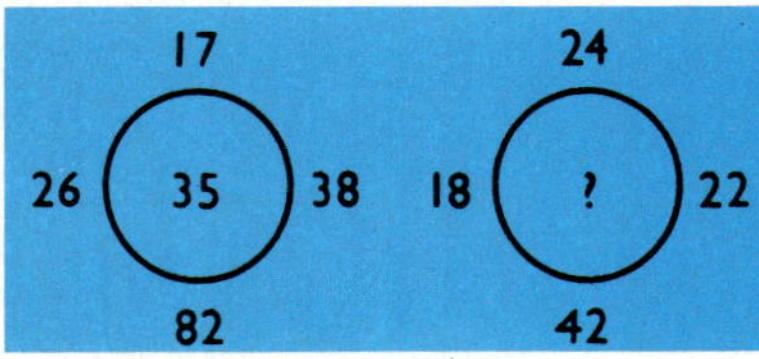

23

Unterstreichen Sie die Figur, die nicht zu den anderen paßt.

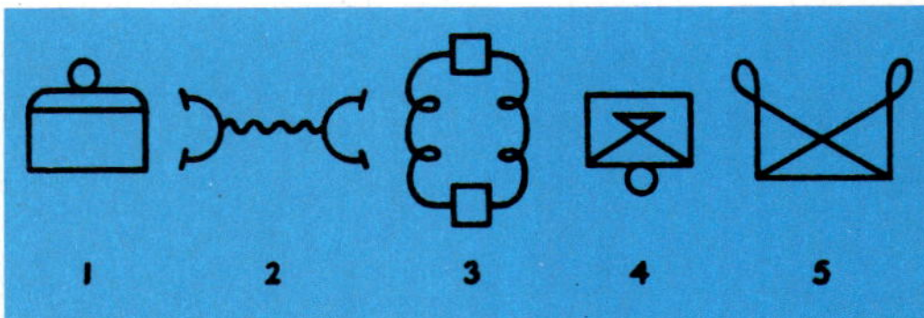

24

Suchen Sie unter den numerierten Figuren die richtige heraus.

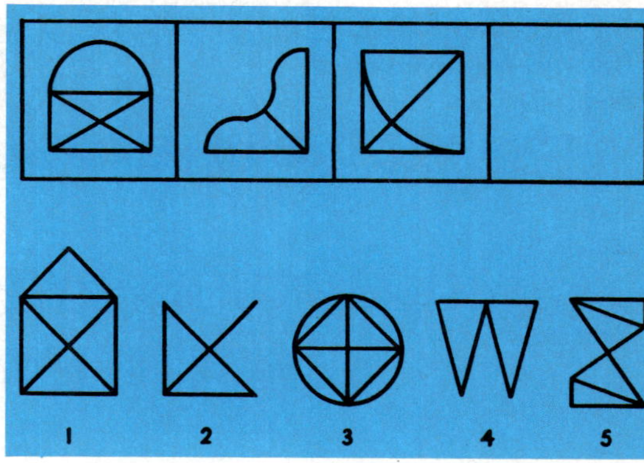

25

Setzen Sie das Wort ein, das dieselbe Bedeutung hat wie die beiden Wörter außerhalb der Klammer.

GEBIRGE (. . . . . .) FEST

26

Setzen Sie das fehlende Wort in die Klammer ein.

ARBEITER (RAUM) MUMMENSCHANZ

EHEBRUCH (. . . .) BRATSCHE

27

Setzen Sie das Wort ein, dem jeder der Buchstaben auf der linken Seite vorangestellt werden kann.

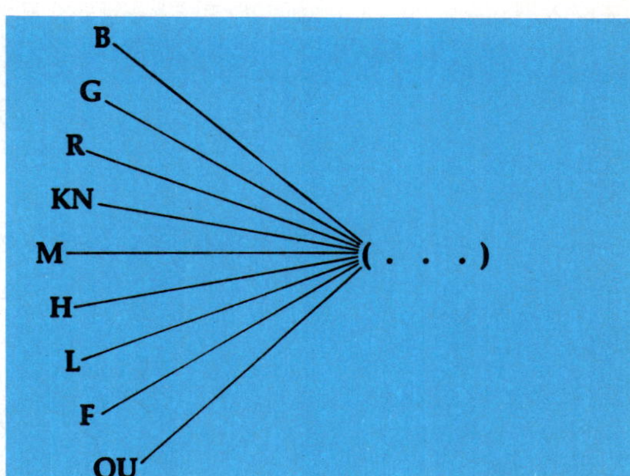

Test sieben

28

Setzen Sie die fehlende Zahl und den fehlenden Buchstaben ein.

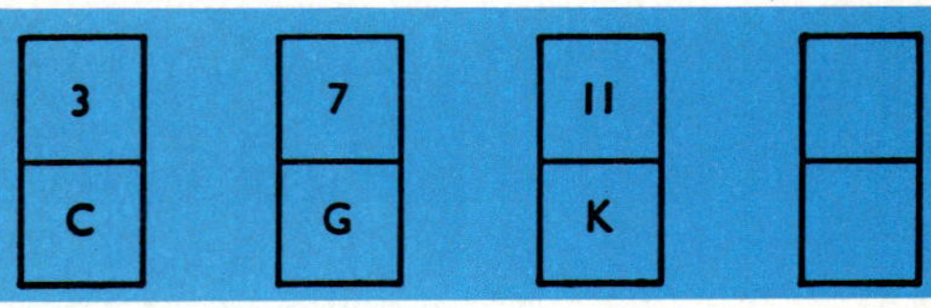

29

Setzen Sie die fehlende Zahl ein.

132 (834) 285

214 (.........) 117

30

Setzen Sie das Wort ein, mit dem das erste Wort endet und das zweite beginnt. (Schlüsselwort: RICHTUNG.)

M (. . . . .) TAN

31

Setzen Sie den fehlenden Buchstaben ein.

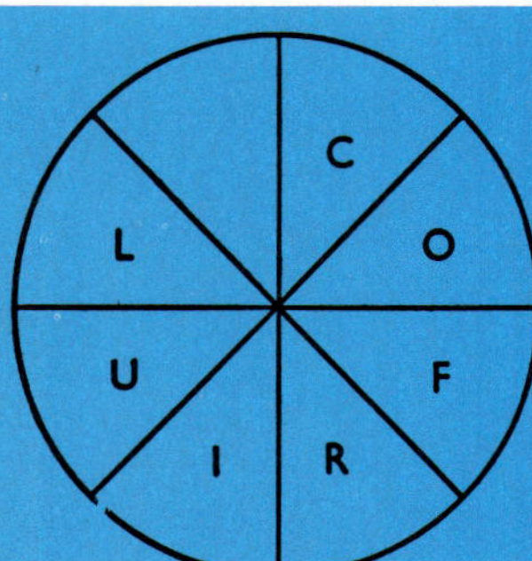

32

Setzen Sie die fehlende Zahl ein.

5 6 9 20 ....

33

Unterstreichen Sie die Zahl, die nicht zu den anderen paßt.

625 361 256 197 144

34

Setzen Sie die fehlende Zahl ein.

4	8	20
3	9	15
6	6	....

35

Unterstreichen Sie das Wort, das nicht zu den anderen paßt.

Arena Etage Inbegriff Option Uniform

36

Suchen Sie unter den numerierten Figuren die richtige heraus und schreiben Sie die Nummer in das Quadrat.

Test sieben

37

Setzen Sie das Wort ein, mit dem das erste Wort endet und das zweite beginnt. (Schlüsselwort: FAHREN.)

AN (. . .) ABE

38

Setzen Sie die fehlende Zahl ein.

28 33 31 36 34 ....

39

Setzen Sie die fehlende Zahl ein.

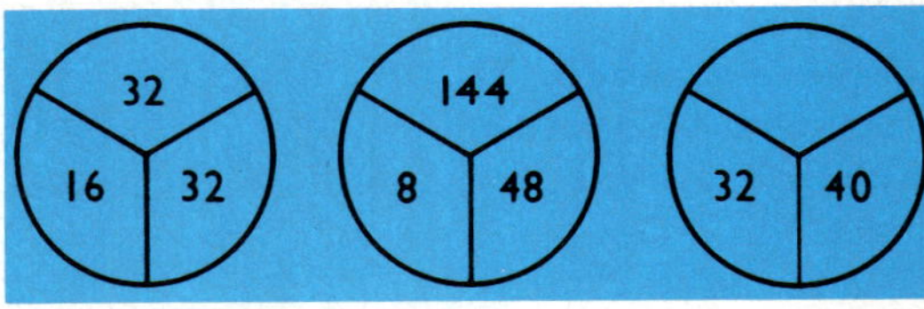

40

Wenn DGJ + JAE + BHF = DDAB und $\frac{F \times C}{J}$ = GA, wieviel ist dann $\frac{A}{G}$?

Test acht

Test acht

1

Setzen Sie den fehlenden Buchstaben ein.

W S O K ....

2

Unterstreichen Sie das Wort, das nicht zu den anderen paßt.

August September Oktober November Dezember

3

Setzen Sie die fehlende Zahl ein.

36 28 24 22 ....

4

Suchen Sie unter den numerierten Figuren die richtige heraus und schreiben Sie die Nummer in das Quadrat.

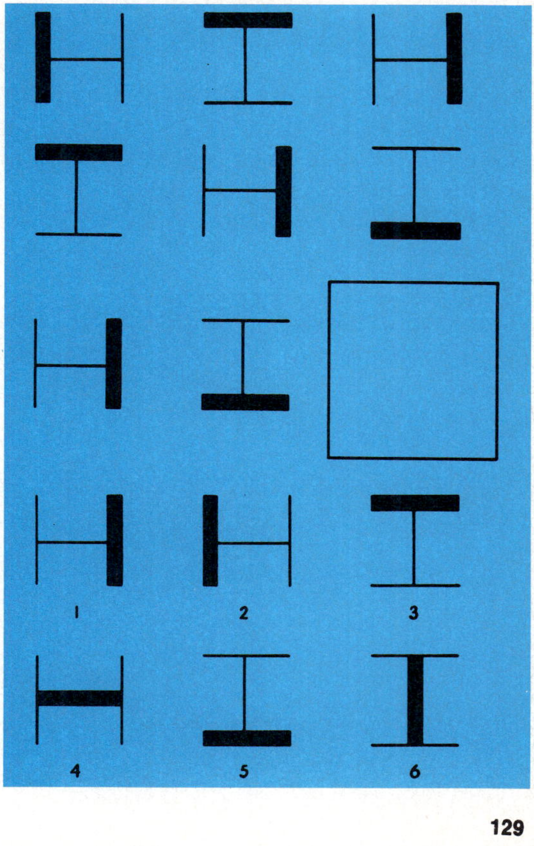

Test acht

5

In jeder der folgenden Zeilen ist der Name eines Fahrzeuges enthalten. Unterstreichen Sie das Fahrzeug, das sich von den anderen unterscheidet.

IAXT TILTSCHEN

DOMEP KSCHEUT

DRAHARF

6

Setzen Sie das Wort ein, das dieselbe Bedeutung hat wie die beiden Wörter außerhalb der Klammer.

HAAR (. . . . . .) KÖDERN

7

Setzen Sie das Wort ein, mit dem das erste Wort endet und das zweite beginnt. (Schlüsselwort: PFLANZE.)

PA (. . . .) LN

8

Unterstreichen Sie das Wort, das nicht zu den anderen paßt.

Schweiz Deutschland Frankreich

Italien Schweden Österreich

9

Setzen Sie die fehlende Zahl ein.

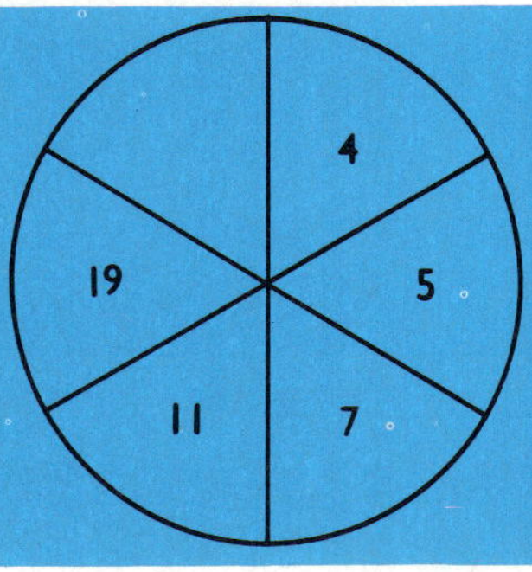

10

Suchen Sie unter den numerierten Figuren die richtige heraus.

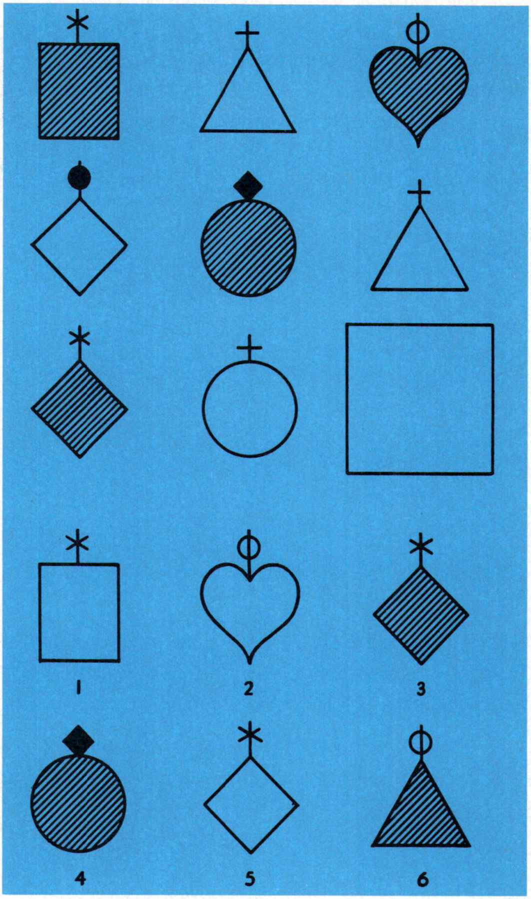

11

Suchen Sie die Wörter in den Klammern.

F + (Möbelstück) = (Insekt)

12

Setzen Sie den fehlenden Buchstaben ein.

K	**N**	**E**
M	**O**	**I**
T	**X**	....

Test acht

13

Setzen Sie die fehlende Zahl ein.

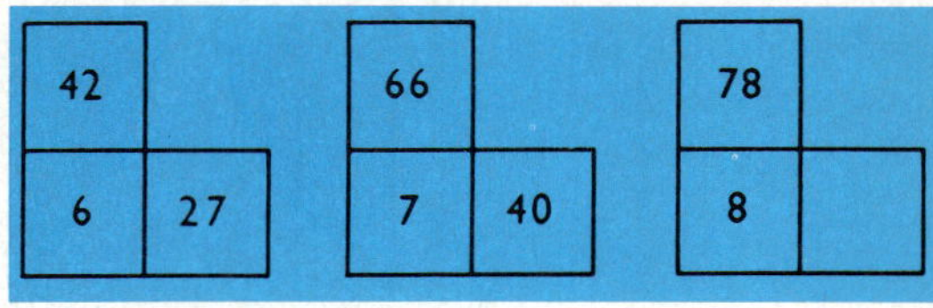

14

Setzen Sie das Wort in die Klammer, dem jeder der Buchstaben auf der linken Seite vorangestellt werden kann.

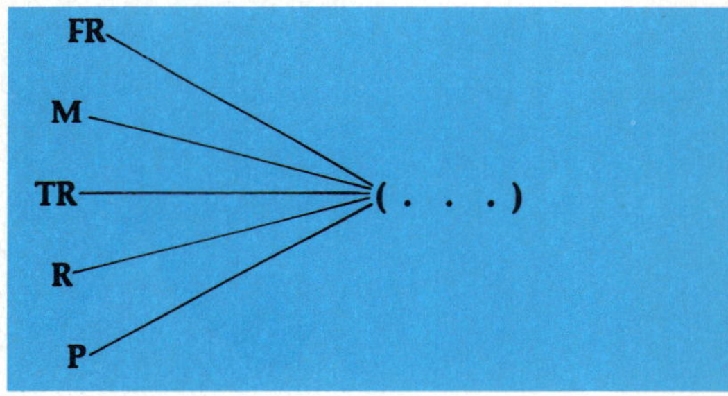

15

Unterstreichen Sie die Figur, die nicht zu den anderen paßt.

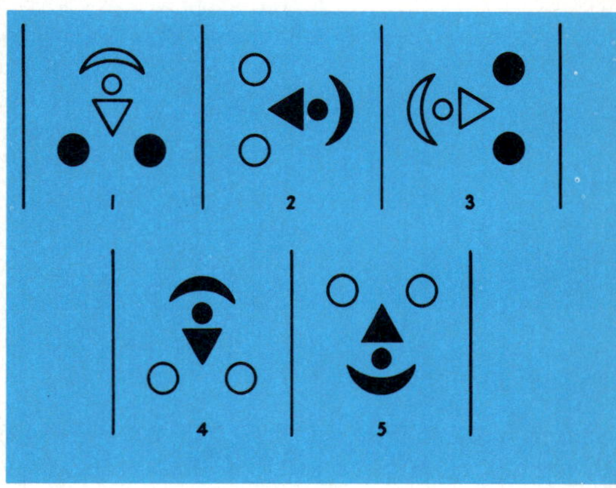

16

Setzen Sie die fehlende Zahl ein.

4	1	9
8	6	4
6	4	....

17

Suchen Sie unter den numerierten Figuren die richtige heraus.

18

Unterstreichen Sie die Stadt, die nicht in Italien liegt.

NORFLEZ

DARDIM

SAIP

LIMNAAD

Test acht

19

Unterstreichen Sie das Wort in der unteren Zeile, das zu den drei Wörtern in der oberen Zeile paßt.

SEE LAND BERG

Heft Wunsch Steuer Neid Rad

20

Setzen Sie das Wort ein, mit dem das erste Wort endet und das zweite beginnt. (Schlüsselwort: WAFFE.)

PF (. . . . .) TTE

21

Setzen Sie die fehlende Zahl ein.

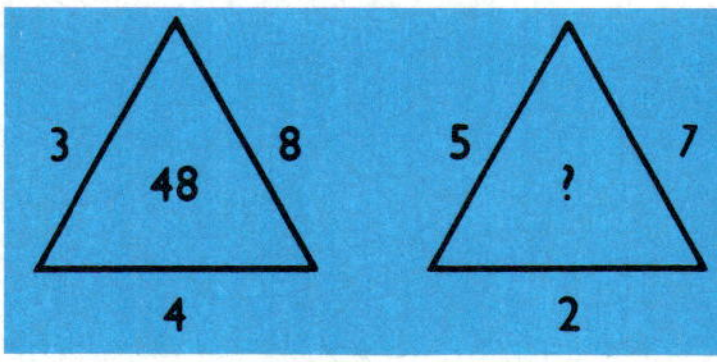

22

Unterstreichen Sie die Figur, die nicht zu den anderen paßt.

1 2 3 4 5

23

Setzen Sie die fehlende Zahl in die Klammer ein.

243	**(222)**	**317**
548	**(..........)**	**621**

24

Setzen Sie ein Wort ein, das dieselbe Bedeutung hat wie die beiden Wörter außerhalb der Klammer.

SPIELER (. . . . . .) KLIMA

25

Suchen Sie unter den numerierten Figuren die richtige heraus.

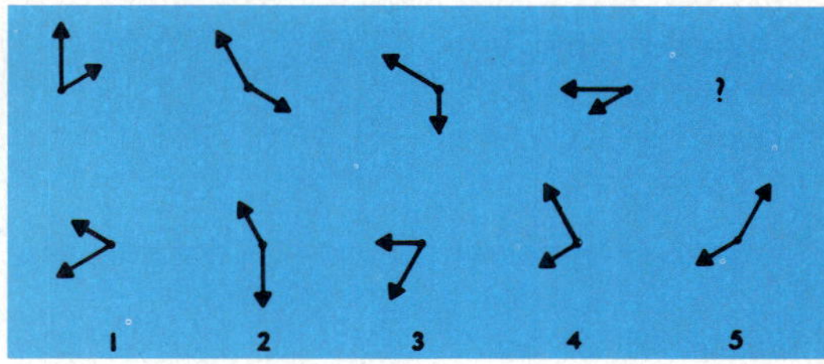

26

Setzen Sie den fehlenden Buchstaben ein.

T	R	U	F
M	R	U	T
T	R	U	....

27

Setzen Sie die fehlende Zahl ein.

5   6   7   8   10   11   14   ....

28

Setzen Sie die fehlenden Buchstaben ein.

D	H	L	
W	S	O	

29

Setzen Sie das fehlende Wort in die Klammer ein.

HILFSWERK (EROS) TROST

ADVOKAT (. . . .) SACHWALTER

30

Setzen Sie das Wort ein, mit dem das erste Wort endet und das zweite beginnt. (Schlüsselwort: GESTALT.)

RE (. . . .) EL

Test acht

31

Welche der Zahlen in der unteren Zeile paßt zu den drei Zahlen in der oberen Zeile?

	372	258	441	
283	488	137	381	242

32

Suchen Sie unter den numerierten Figuren die richtige heraus.

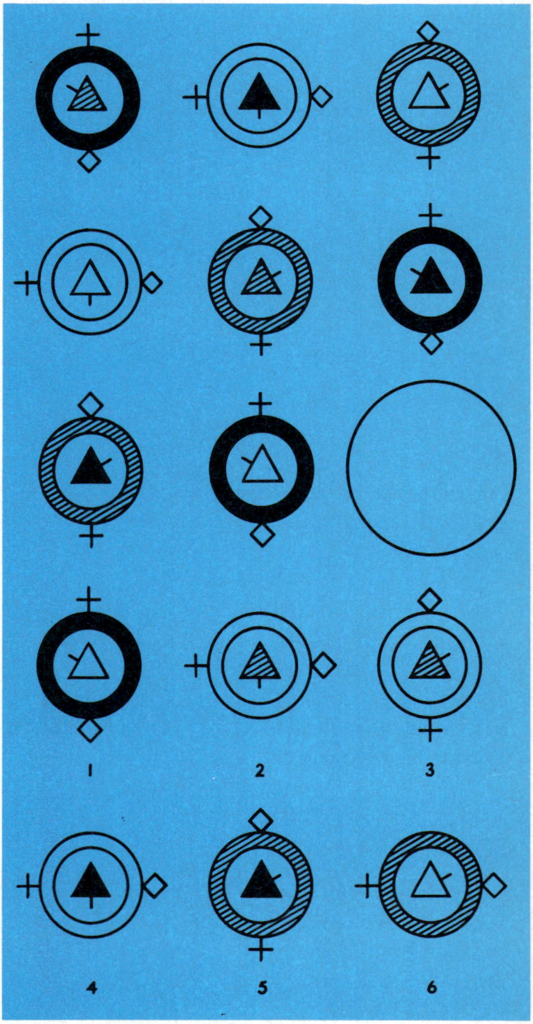

33

Setzen Sie die fehlende Zahl ein.

8	5	9
26	20	
13	16	12

34

Unterstreichen Sie das Wort in der unteren Zeile, das zu den drei Wörtern in der oberen Zeile paßt.

FLUCHT HAUS GERICHT

Blatt Wirt Revier Berg Gesicht

35

Setzen Sie die fehlende Zahl in die Klammer ein.

532	**(630)**	**217**
648	**(..........)**	**444**

36

Unterstreichen Sie die Zahl, die nicht zu den anderen paßt.

5 7 9 17 23 37

37

Unterstreichen Sie die Zeile, mit der der Satz hinter dem Doppelpunkt fortgesetzt werden kann.

THROPCUH ist zu ATMINEEF wie LOMBPERN zu:

GLITHGINRIO

AULNOTRELN

TIPSICHATRA

CHASTIPLAW

Test acht

38

Setzen Sie die fehlende Zahl ein.

8   24   12   18   54

39

Setzen Sie das Wort ein, mit dem das erste Wort endet und das zweite beginnt. (Schlüsselwort: SEIN.)

RU (. . .) SE

40

Setzen Sie die fehlende Zahl ein.

260   216   128   108   62   54   27

Antworten und Erklärungen

Im folgenden wird nur jeweils **eine** Lösung angegeben. Natürlich gelten gleichwertige Nebenlösungen ebenfalls als richtig.

Ein Beispiel für den Begriff «gleichwertig»:
Für Test 4, Aufgabe 5 lautet die Antwort NEW ORLEANS. Oft wird auch LONDON genannt, weil sie die einzige europäische unter den angegebenen Städten ist. Diese Antwort kann nicht gewertet werden, weil sie erheblich weniger Information als die angegebene verwertet. Das Kriterium – einzige europäische – gilt nämlich sinngemäß für die anderen zur Wahl stehenden Städte auch: einzige amerikanische, japanische usw. Richtig wäre die Lösung also nur dann, wenn alle anderen Städte z. B. in Asien lägen.
Beachten Sie: Gleichwertige Nebenlösungen sind äußerst selten.

Test eins

1 14. (Jede Zahl ist um 3 größer als die vorhergehende.)
2 KAUFHAUS. (In einem Kaufhaus wohnt niemand.)
3 14 und 13. (Die Zahlen an der 1., der 3., der 5. Stelle bilden eine Reihe, die Zahlen an der 2. und 4. Stelle eine zweite Reihe; beide Reihen steigen um jeweils 2 an.)
4 WAL. (Er ist ein Säugetier, die anderen Tiere sind Fische.)
5 BOEING. (Die Automarken sind Ford, Mercedes, Porsche und Opel; Boeing ist eine Flugzeugmarke.)
6 BALL. (Das Wort in der Klammer hat dieselbe Bedeutung wie jedes der beiden Wörter außerhalb der Klammer; ein Tanz ist ein Ball, und ein Ball ist eine Kugel.)
7 V. (Die Buchstaben stehen in ihrer alphabetischen Reihenfolge; es werden abwechselnd zwei und drei Buchstaben übersprungen.)
8 MUT.
9 32 oder 8. (Jede Zahl ist das Produkt der beiden vorhergehenden Zahlen, 4 mal 8 ist 32; die Zahlen auf der linken Seite sind viermal so groß wie die gegenüberliegenden Zahlen auf der rechten Seite, 4 mal 2 ist 8.)
10 5. (Die beiden parallelen Striche bewegen sich im Uhrzeigersinn; in Figur 5 müßten sie unten sein.)
11 [18] (Die oberen Zahlen ändern sich in der Folge – 1, + 2, – 3, + 4;
[30] die unteren Zahlen ändern sich in der Folge + 1, – 2, + 3, – 4.)
12 5. (Die Figuren werden von links nach rechts immer kleiner.)
13 ECKE.
14 2. (In jeder Linie ist ein Kreis, ein auf der Spitze stehendes Quadrat und ein auf der Seite stehendes Quadrat enthalten; das Kreuz in der rechten Figur entspricht dem in der linken Figur.)
15 K + LAMM = KLAMM.
16 6. (Obere Zahl + mittlere Zahl dividiert durch 2 ergibt die untere Zahl; 7 + 5 = 12, 12 : 2 = 6.)
17 FLUR. (Dem Wort Flur kann ebenso wie den drei Wörtern der oberen Zeile das Wort Haus vorangestellt werden.)
18 3. (In jeder Zeile kommen alle drei Gesichtsformen je einmal vor; in jeder Zeile hat jeweils ein Kopf einmal ein Haar, einmal zwei und einmal drei; in jeder Zeile hat jeweils ein Kopf einmal beide Augen weiß, einmal beide Augen schwarz und einmal ein weißes und ein schwarzes Auge; in jeder Zeile kommt eine weiße, eine schwarze und eine schraffierte Nase vor.)
19 AKT.
20 LARVE. (Eine Larve ist eine Raupe und eine Maske.)
21 EGMONT. (Heine, Hebbel, Schiller und Uhland sind Dichter; Egmont ist eine Dramengestalt.)

22 6. (Die Zahlen an den Enden der langen Pfeile werden zusammengezählt; von der Summe werden die Zahlen an den Enden der kurzen Pfeile abgezogen; das Ergebnis ist die gesuchte Zahl.)

23 HEIZUNG. (Die Buchstaben außerhalb der Klammer werden in umgekehrter Reihenfolge an die freien Stellen gesetzt.)

24 5. (Der Kreis und das Quadrat wechseln von Figur zu Figur ihre Position, mit Ausnahme von Figur 5. Der Pfeil und das Fragezeichen bleiben immer an derselben Stelle.)

25 2. (Die gesamte Figur wird um 90 Grad gedreht; schraffierte Flächen werden weiß, weiße schraffiert.)

26 D. (Die Buchstaben der mittleren Spalte sind in der alphabetischen Reihe ebenso viele Stellen nach oben von den Buchstaben der ersten Spalte entfernt, wie die Buchstaben der dritten Spalte nach unten entfernt sind.)

27 2. (Das Quadrat mit dem Innenkreis der ersten Figur wird zu einem Kreis mit einem gedrehten inneren Quadrat; die Schraffierung wechselt von der kleineren Figur auf die größere. Das auf der Grundfläche stehende Dreieck mit dem inneren Quadrat der dritten Figur muß entsprechend zu einem Quadrat werden, in dessen Innerem sich ein auf der Spitze stehendes Dreieck befindet, die Schraffierung wechselt von der kleinen Figur zur großen. Ist in der ersten bzw. dritten Figur ein Rechteck oben angesetzt, so ist es in der zweiten bzw. vierten Figur unten, und umgekehrt. Schraffierung und schwarze Fläche der Rechtecke wechseln dabei die Stellen.)

28 SALOME. (Die Komponisten sind Rossini, Strauss und Verdi.)

29 FAST. (Der drittletzte und der viertletzte Buchstabe des ersten Wortes und der drittletzte und der viertletzte Buchstabe des zweiten Wortes bilden in dieser Reihenfolge das Wort in der Klammer.)

30 RANK.

31 3. (Gesucht ist eine Figur, die entweder aus drei Linien besteht und einen rechten Winkel enthält, oder die aus sechs Linien besteht und keinen rechten Winkel enthält.)

32 10. (Erste Zahl + zweite Zahl − dritte Zahl = vierte Zahl; $13+8-11=10$.)

33 NEW YORK. (New York ist als einzige dieser Städte keine Hauptstadt.)

34 1. (In jeder Zeile ist jeweils ein runder, ein quadratischer und ein dreieckiger Kopf; ein ovaler und ein rechteckiger Körper sowie ein Strichkörper; runde und quadratische Füße und Strichfüße; waagerecht ausgestreckte, nach oben erhobene und nach unten gesenkte Arme.)

35 18. (Die äußeren Zahlen werden miteinander multipliziert und durch 10 geteilt; 2 mal 9 mal 10 ist 180, 180 durch 10 ist 18.)

36 E / H (Es gibt zwei Reihen; die erste beginnt im ersten Kästchen oben, setzt sich im zweiten Kästchen unten fort, geht dann im dritten Kästchen wieder nach oben usw. Dabei wird jeweils ein Buchstabe der alphabetischen Reihe übersprungen. Die zweite Reihe beginnt im ersten Kästchen unten, setzt sich im zweiten Kästchen oben fort usw. Auch in dieser Reihe wird jeweils ein Buchstabe übersprungen.)

37 REICH.

38 26. (Jede Zahl ist die vorletzte verdoppelt minus zwei; $14 + 14 - 2 = 26$.)

39 O. (Der Abstand der Buchstaben zu dem vorhergehenden A wächst in der Reihenfolge der Primzahlen.)

40 238. (Die Zahlen werden aus der Grundzahl 3 gebildet. Die erste Zahl ist $3^1 - 1$, die zweite Zahl ist $3^2 - 2$ usw. $3^5 - 5$ ist 238.)

Test zwei

1 24. (Die Zahlen sind jeweils um 4 größer.)
2 3.
3 WASHINGTON. (Athen, Moskau, Mailand und Worms sind die anderen Städte.)
4 90 und 93. (Die Reihe entsteht, indem man einmal 3 addiert und zum anderen mit 2 malnimmt.)
5 HERMES. (Hermes ist der einzige griechische Gott unter römischen Göttern. Hermes ist im Gegensatz zu den anderen kein Name für einen Planeten unseres Sonnensystems.)
6 HERING. (Der Hering ist ein Fisch.)
7 FEST. (Das Wort in der Klammer hat dieselbe Bedeutung wie die beiden Wörter außerhalb der Klammer.)
8 ROT.
9 39. (Man erhält die Zahlen, wenn man die vorhergehende verdoppelt und 1, 2, 3, 4 bzw. 5 abzieht. 22 mal 2 – 5 = 39.)
10 5. (Die Figuren der unteren Reihe sind die gleichen wie die in der oberen Reihe, nur daß weiße und schwarze Flächen vertauscht sind.)
11 Z. (Die Buchstaben sind 2, 3, 4, 5, 6 Stellen in der alphabetischen Reihe von ihren Vorgängern entfernt.)
12 BALL. (Das Wort in der Klammer kann dem Wort vor der Klammer angehängt werden und dem Wort hinter der Klammer vorangestellt werden.)
13 22. (Die untere Zahl ist die verdoppelte obere Zahl minus 1 im ersten Feld, minus 2 im zweiten etc. 13 mal 2 – 4 = 22.)
14 ACH.
15 4. (Figur 1 und 3 passen zusammen sowie Figur 2 und 5. Dabei ist die zweite Figur gegenüber der ersten jeweils um 90 Grad gedreht, weiße und schwarze Flächen haben ihren Platz getauscht.)
16 GESANG. (In den anderen Wörtern sind die beiden letzten Buchstaben aufeinanderfolgende Buchstaben des Alphabets.)
17 13. (Die Zahl in der mittleren Spalte ist die Summe der Zahlen der äußeren Spalten.)
18 4. (Es gibt drei verschiedene Kopfformen, drei verschiedene Körperformen, drei verschiedene Schwanzformen in jeder Zeile; außerdem ändert sich die Zahl der Schnurrhaare.)
19 SPERLING. (Die Inseln sind Malta, Irland und Capri.)
20 MAL.
21 16. (Die obere Zahl geteilt durch die rechte Zahl mal 2 ergibt die linke Zahl in jeder Einheit.)
22 2. (1 ist mit 5 identisch, ebenso 3 mit 4.)
23 DIEB. (Die Zahlen stehen für die ersten Buchstaben des Alphabets, 1 für

A, 2 für B usw. Das gesuchte Wort erhält man, wenn man die Buchstaben für die Zahlen einsetzt und nun das Wort von hinten liest.)

24 WOHL. (Das Wort in der Klammer ist den beiden Wörtern außerhalb der Klammer synonym.)

25 594. (Die Zahlen hinter dem Wort «Holstein» entsprechen den einzelnen Buchstaben dieses Wortes; die folgenden Wörter sind aus den Buchstaben des ersten Wortes gebildet; die nachfolgenden Zahlen sind die entsprechenden Zahlen des ersten Wortes, bei «Lohn» um 1 erhöht, bei «Lose» um 2 erhöht, bei «sei» um 3 erhöht.)

26 H. (Die Buchstaben sind 2 Stellen nach oben, 4 Stellen nach unten, 6 Stellen nach oben, 8 Stellen nach unten, 10 Stellen nach oben bzw. 12 Stellen nach unten von den vorhergehenden entfernt.)

27 2. (Die äußere Figur wird halbiert, die innere gedreht und oben aufgesetzt; die Schraffierung wechselt.)

28 REIM. (Das Wort wird gefunden, wenn man zu den beiden Buchstaben vor der Klammer den jeweils nächstfolgenden im Alphabet nimmt, zu den beiden Buchstaben hinter der Klammer den vorhergehenden Buchstaben und das Wort nun in der gegebenen Reihenfolge liest.)

29 2. (Die Figuren der oberen Reihe haben keinen rechten Winkel.)

30 NIE oder LEE.

31 1. (Es handelt sich um eine einfache arithmetische Aufgabe. Ein Innenkreuz bedeutet -1, ein Außenkreuz $+1$; die Figur der dritten Spalte ist die Summe der Figuren der beiden ersten Spalten; $+3-1=+2$; $+2$ bedeutet 2 Außenkreuze.)

32 DAMPFER. (Vor die anderen Wörter kann eine Nationalitätsbezeichnung gesetzt werden, wodurch neue Begriffe entstehen; englische Krankheit, spanische Reiter, italienischer Salat.)

33 2. (Die drei Zahlen einer Reihe ergeben die Summe 30.)

34 52. (Die Zahlen des zweiten Kreises erhält man, wenn man die Zahlen des ersten Kreises halbiert, die Zahlen des dritten Kreises, indem man die Zahlen des zweiten Kreises vervierfacht. Die Kreise werden jeweils eine drittel Drehung gegen den Uhrzeigersinn gedreht.)

35 6 / S (Der Buchstabe ist so viele Schritte von dem vorhergehenden Buchstaben entfernt, wie die Zahl über ihm angibt.)

36 QUAL.

37 ZECHE.

38 5436. (Es gibt zwei Reihen; die erste beginnt mit der 7; die nächste Zahl erhält man, wenn man die 7 quadriert und davon die unmittelbar nachfolgende Zahl abzieht, 7 mal $7-9=40$; die nächste Zahl ist 40 mal 40 minus $74=1526$. Die zweite Reihe beginnt mit der 9; auch diese Zahlen werden quadriert, doch werden nun die vorhergehenden Zahlen subtrahiert; 9 mal $9-7=74$; 74 mal $74-40$ ergibt die gesuchte Zahl, nämlich 5436.)

39 UMDREHEN.

40 J. (Die Buchstaben stehen an der 2., 5., 10., 17. bzw. 26. Stelle des Alphabets. Man erhält diese Zahlen, wenn man die Zahlen 1 bis 5 quadriert und jeweils 1 dazuzählt.)

Test drei

1 5. (Die Zahlen werden immer um 5 kleiner.)
2 SCHLITTEN. (Er hat keine Räder.)
3 74. (Die Zahlen werden verdoppelt und 1, 2, 3 bzw. 4 addiert.)
4 4. (Dreieck, Kreis und Quadrat sind einmal oben, einmal in der Mitte, einmal unten; jedes von ihnen ist in jeder Zeile einmal schwarz.)
5 MAUS. (Das Bison, die Katze, der Marder und die Giraffe sind größer.)
6 SPINNE. (Die Spinne ist kein Insekt, bzw. sie hat acht Beine.)
7 6. (Der Sektor dreht sich in jeder Zeile um einen Quadranten, und zwar im Uhrzeigersinn.)
8 MAN.
9 STAR.
10 E. (Es gibt zwei alternierende Reihen; die ungerade – 1., 3. und 5. Stelle – erhält man, wenn man vom ersten Buchstaben ausgehend 1, 2 bzw. 3 Schritte nach oben – d. h. zum Z hin – geht; die gerade Reihe erhält man, wenn man 1, 2 bzw. 3 Schritte nach unten geht.)
11 33. (Man erhält die Zahlen, wenn man die vorhergehende verdoppelt und 1 abzieht.)
12 4. (Die Pfeile an den weißen Ovalen zeigen nach rechts oder nach oben, die Pfeile an den schwarzen Ovalen nach links oder nach unten; Figur 4 macht davon eine Ausnahme.)
13 7 (Die oberen Zahlen nehmen um 2, 3, 4 bzw. 5 zu; die unteren Zahlen
13 um das Doppelte.)
14 1. (Es gibt drei verschiedene Kopfformen, drei verschiedene Nasenformen, drei verschiedene Mundformen, drei verschiedene Augenbrauenformen; jede der Formen kommt in jeder Zeile nur einmal vor.)
15 IST.
16 ZAUN. (Das Wort in der Klammer kann dem Wort vor der Klammer angehängt werden, dem Wort hinter der Klammer vorangestellt werden.)
17 19. (Die Zahl in der ersten Spalte minus die Zahl in der zweiten Spalte ergibt die Zahl der dritten Spalte; $28 - 9 = 19$).
18 VENUS. (Robert, Benedikt und Wilhelm sind die männlichen Vornamen.)
19 TISCH.
20 POLIZEI. (Außer «Polizei» beginnen alle Wörter mit zwei Buchstaben, die im Alphabet aufeinanderfolgen.)
21 97. (Die Zahlen erhält man, indem man die vorhergehende verdoppelt und 1 abzieht.)
22 4. (Figur 1 ist mit Figur 3 identisch, Figur 2 mit Figur 5.)
23 MEER. (Der dritte und der zweite Buchstabe des ersten Wortes und der dritte und der zweite Buchstabe des Wortes hinter der Klammer bilden das Wort in der Klammer, und zwar in der gegebenen Reihenfolge.)

24 GOLF.

25 U. (Der Buchstabe ist jeweils derjenige, der auf das «e» im Wort vorher folgt.)

26 G. (Der untere Buchstabe ist 4, 6, 8 bzw. 10 Stellen von dem oberen entfernt, und zwar im rückwärts gelesenen Alphabet.)

27 2. (Die drei unteren kleinen Figuren werden zur Hauptfigur, die Hauptfigur wird zu drei kleinen Figuren und rückt an die entgegengesetzte Stelle; die drei Einzelfiguren tauschen die Plätze; weiße Flächen bleiben weiß, schwarze schwarz.)

28 GEL.

29 6. (Es gibt drei verschiedene Kopfformen, drei Körperformen, drei Beinformen, drei Schwanzformen; außerdem ist der Körper einmal weiß, einmal schraffiert, einmal schwarz; jede Form kommt in jeder Zeile nur einmal vor.)

30 20. (Die Zahl in der letzten Spalte erhält man, wenn man von der Zahl in der zweiten Spalte eine Zahl x abzieht; x ist die Zahl, mit der man die erste Zahl multiplizieren muß, um die zweite zu erhalten; 6 mal 4 = 24; 24 − 4 = 20.)

31 KAUF. (Der dritte und der zweite Buchstabe des Wortes vor der Klammer und dieselben Buchstaben des Wortes hinter der Klammer ergeben das Wort in der Klammer, und zwar in dieser Reihenfolge.)

32 E. (Der 1., 3., 5. und 7. Buchstabe ergibt das Wort «Name», der 2., 4., 6. und 8. Buchstabe ergibt das Wort «Nase».)

33 ZUCKER. (Vor die anderen kann das Wort «Berg» gestellt werden.)

34 14. (Es gibt zwei Reihen, die jeweils um 2 anwachsen; die erste Reihe beginnt oben, setzt sich im zweiten Domino unten fort usw. Die zweite Reihe verläuft entsprechend.)

35 N / J (Die oberen Buchstaben bilden eine Reihe, indem sie jeweils drei Buchstaben des Alphabets in der richtigen Reihenfolge überspringen; die unteren Buchstaben überspringen jeweils vier Buchstaben in der rückwärtigen Reihenfolge.)

36 1. (Der Pfeil, das Dreieck, das schwarze und das weiße Quadrat machen jeweils eine Drehung von 90 Grad. Das Kreuz und der Kreis wechseln jedesmal ihren Platz.)

37 UDO. (Die Anfangsbuchstaben der Paare sind 3, 5, 7 bzw. 9 Buchstaben auseinander.)

38 17.50 Uhr. (Das erste Mal kommt sie 30 min, das zweite Mal 30 + 50 min, das dritte Mal 30 + 50 + 70 min, das vierte Mal 30 + 50 + 70 + 90 min, und schließlich 30 + 50 + 70 + 90 + 110 min nach dem vereinbarten Termin.)

39 NIVOERINNIURIS. (Liest man die Buchstaben, die auf Vokale folgen, mit Ausnahme der Vokale, die zum Namen gehören, so erhält man die Namen Zeus, Hermes, Venus und Ares. Venus paßt nicht in diese Reihe, einmal da sie eine Frau ist und die anderen Männer, zum zweiten da sie römisch ist, die anderen aber griechisch.)

40 115 / 576 (Die Reihe beginnt mit $\frac{1}{2}$; die weiteren Werte erhält man, indem man 1, 2, 3 bzw. 4 dazuzählt und die erhaltene Zahl durch 1 mal 1, 1 mal 2, 1 mal 2 mal 3 bzw. 1 mal 2 mal 3 mal 4 dividiert.)

Test vier

1 12. (Die Zahlen werden immer um 6 kleiner.)

2 STRESEMANN. (Ein Staatsmann unter Schriftstellern.)

3 2. (Drei Armstellungen und drei Kopfformen kommen jeweils einmal in jeder Zeile vor.)

4 69. (Man erhält die Zahlen, wenn man die vorhergehende Zahl verdoppelt und 1 abwechselnd dazuzählt bzw. abzieht.)

5 NEW ORLEANS. (New Orleans ist keine Millionenstadt, die anderen Städte haben alle mehr als 3 Millionen Einwohner.)

6 RINGEN. (Ringen wird nur von Männern als Sport ausgeübt; Laufen, Skilauf, Turnen und Hockey wird auch von Frauen ausgeübt.)

7 J. (Es gibt zwei alternierende Reihen, in denen jeweils zwei Buchstaben übersprungen werden.)

8 REIF. (Das Wort in der Klammer ist den beiden Wörtern außerhalb der Klammer synonym.)

9 64. (Eine Zahl ist jeweils die Quadratzahl der gegenüberliegenden Zahl.)

10 FEIL.

11 2 und 4. (Figur 1 und Figur 5 sowie Figur 3 und Figur 6 bilden jeweils ein Paar, wobei die eine Figur um 180 Grad gedreht ist.)

12 79. (Die obere Zahl ist immer um 21 größer als die untere.)

13 EGEL.

14 4. (Die Zahl der dritten Spalte ist die Differenz der Zahlen der beiden ersten Spalten multipliziert mit 4.)

15 K + ELLE = KELLE.

16 5. (Die Anzahl der Striche auf dem Körper und auf den Flügeln nimmt jeweils von links nach rechts um 1 ab.)

17 ILTIS. (Sibylle, Klementine und Doris sind die Mädchennamen.)

18 NAME. (Es ist das einzige Wort, das einen Buchstaben enthält, der in «Unternehmen» nicht enthalten ist.)

19 LAST.

20 1. (Es gibt drei Rumpfformen, drei Flügelformen; die Flügel sind entweder weiß oder schwarz oder schraffiert; es gibt entweder einen oder zwei oder drei Sitzplätze; jede dieser Variationen kommt in jeder Zeile nur einmal vor.)

21 21. (Die innere Zahl erhält man, wenn man die beiden oberen miteinander multipliziert und die untere davon abzieht; 9 mal 3 = 27; 27 − 6 = 21.)

22 4. (Die Figuren 1 und 5 sowie die Figuren 2 und 3 passen zusammen; und zwar ist die rechte Seite der einen Figur jeweils das Spiegelbild der linken Seite der zweiten Figur; Figur 4 paßt nicht dazu.)

23 88. (Die mittlere Zahl ist die dritte Zahl minus die erste mal 4; 915 − 893 = 22, 22 mal 4 = 88.)

24 STUMPF.

25 TAUBER. (Tauber war bekannt als Sänger; die Filmstars sind Knef, Garbo, Albers und Chaplin.)

26 4. (Die innere Figur wird zur großen Figur, die große Figur wird gedreht um 180 Grad und auf die neue große Figur aufgesetzt; die Schraffierung wechselt.)

27 682. (Die mittlere Zahl ist die Hälfte der Summe der beiden äußeren Zahlen.)

28 4. (Die Räder sind entweder weiß oder schwarz oder mit einem Kreuz versehen; die Autos haben entweder eine Tür oder eine Tür und ein Fenster oder gar nichts; der Kühler hat entweder einen oder zwei oder drei Striche; jede Variation kommt in jeder Zeile nur einmal vor.)

29 J. (Die Buchstaben der zweiten Spalte erhält man, wenn man 2 bzw. 3 bzw. 4 Schritte im Alphabet zurückgeht; die Buchstaben der dritten Spalte erhält man, wenn man von den Buchstaben der zweiten Spalte ausgehend 3 bzw. 4 bzw. 5 Schritte im Alphabet zurückgeht.)

30 1. (Das Quadrat dreht sich um 45 Grad entgegen dem Uhrzeigersinn; die außen aufsitzenden Figuren, Kreuz und Kreis, rotieren im Uhrzeigersinn.)

31 9. (Die erste Zahl plus die zweite minus die vierte ergibt die dritte; $6 + 8 - 5 = 9$.)

32 ZUSATZ. (In den anderen Wörtern sind der erste und der letzte Buchstabe aufeinanderfolgende Buchstaben des Alphabets.)

33 TAT.

34 R. (Bei D begonnen und im Uhrzeigersinn gelesen ergibt sich das Wort «Dezember».)

35 89. (Die innere Zahl erhält man, wenn man die drei äußeren halbiert und dann addiert.)

36 RING.

37 [J] (In der oberen Zeile werden jedesmal zwei Buchstaben weggelassen;
[T] in der unteren Zeile erst 3, dann 4, dann 5.)

38 BREHM MIT SEINEN TIEREN. (Der Name hat abwechselnd 6 und 5 Buchstaben; das zugehörige Wort 5 und 6.)

39 D. (Die Buchstaben sind der 3. von vorn, der 5. von hinten, der 8. von vorn, der 12. von hinten, der 17. von vorn und der 23. von hinten im Alphabet; die Zahlen wachsen um 2, 3, 4, 5, 6 an.)

40 112. (Die Zahlen der unteren Reihe erhält man, indem man die Zahlen der oberen Reihe quadriert, dann halbiert und nun von dem Zwischenergebnis die obere Zahl abzieht; 16 mal $16 = 256$; $256 : 2 = 128$, $128 - 16 = 112$.)

Test fünf

1 M. (Es werden immer zwei Buchstaben übersprungen.)
2 SHAKESPEARE. (Ein Schriftsteller unter Malern.)
3 4. (Die Pfeile sind jeweils um 90 Grad im Uhrzeigersinn gedreht; bei jeder Umdrehung wird es eine Feder weniger.)
4 75. (Man erhält die Zahlen, indem man die vorhergehende Zahl verdoppelt und abwechselnd 1 addiert und 1 abzieht.)
5 DELPHIN. (Ein Säugetier unter Fischen.)
6 GELSENKIRCHEN. (Die anderen Städte sind London, Madrid und Oslo.)
7 469. (Beginnend mit der 4, wird die Zahl jeweils verdoppelt und abwechselnd 1 abgezogen bzw. zugezählt.)
8 GEIST. (Das Wort in der Klammer ist den beiden Wörtern außerhalb der Klammer synonym.)
9 2 und 5. (1 und 3 sowie 4 und 6 bilden jeweils ein Paar. Bei ihnen sind lediglich die vier Innenfiguren rotiert.)
10 AFFE.
11 4. (Es gibt drei verschiedene Ohrformen und drei verschiedene Scheitelstellungen; jede erscheint in jeder Zeile nur einmal.)
12 Y. (Die Buchstaben sind 1 nach oben, 2 nach unten, 4 nach oben, 8 nach unten und 16 nach oben voneinander entfernt.)
13 T + RAUM = TRAUM.
14 ACHT.
15 KAFFEE. (Die Tiere sind der Elefant, die Grille und der Storch.)
16 3. (Die erste Zahl mal die zweite Zahl dividiert durch die vierte Zahl ergibt die dritte Zahl.)
17 HUND. (Diesem Wort kann wie den drei in der oberen Zeile das Wort See vorangestellt werden.)
18 2. (Die Schornsteine sitzen entweder links oder rechts oder in der Mitte; in der oberen Reihe sind entweder ein, zwei oder drei Fenster; die Tür ist entweder in der Mitte oder rechts oder links.)
19 14. (Die inneren Zahlen werden multipliziert und durch die linke Zahl dividiert; 7 mal 8 = 56, 56 : 4 = 14.)
20 DIEB. (Die Zahlen stehen für die ersten Buchstaben des Alphabets; ersetzt man die Zahlen hinter der Klammer und liest nun rückwärts, so erhält man das gesuchte Wort.)
21 5. (1 und 3 sowie 2 und 4 bilden Paare, wobei die zweite Figur jeweils um 180 Grad gedreht ist.)
22 ACH.
23 SALZBURG. (Duisburg, Berlin, Hannover und Kassel liegen in Deutschland.)
24 RASEN.

25 4. (Diese Figur besteht aus vier Linien.)

26 63. (Man erhält die Zahlen, wenn man die vorhergehende verdoppelt und 1 addiert.)

27 T M (Der erste Buchstabe oben, der zweite Buchstabe unten, der dritte Buchstabe oben, der vierte Buchstabe unten bilden eine Reihe, wobei einer, zwei und dann drei Buchstaben übersprungen werden; analog ist eine zweite Reihe aufgebaut.)

28 BAKE. (Der zweite und der erste Buchstabe des ersten Wortes und der zweite und der erste Buchstabe des zweiten Wortes bilden in dieser Reihenfolge das gesuchte Wort.)

29 STRICK. (Dieses Wort hat als einziges nur einen Vokal.)

30 ROH.

31 I. (Mit dem I beginnend und gegen den Uhrzeigersinn gelesen ergibt sich das Wort «Illusion».)

32 6. (Es gibt drei verschiedene kleine Innenfiguren und drei verschiedene an einer Ecke ansetzende Außenfiguren.)

33 U. (Die Buchstaben sind doppelt so weit voneinander entfernt, wie die Zahl zwischen ihnen angibt.)

34 11. (Die drei Zahlen einer Einheit bilden immer die Summe 20.)

35 35. (Die Zahl in der dritten Zeile erhält man, wenn man von der Zahl in der zweiten Zeile die Zahl der ersten Zeile zweimal abzieht.)

36 3. (Das große und das kleine Quadrat wechseln zusammen mit ihren vier kleinen Figuren die Plätze; die Figuren in dem großen Quadrat werden dabei im Uhrzeigersinn, die in dem kleinen Quadrat gegen den Uhrzeigersinn rotiert.)

37 JEFFERSON. (Die Anfangsbuchstaben sind der 2., 4., 6., 8. und 10. Buchstabe des Alphabets.)

38 1862. (Die anderen Zahlen sind die dritte Potenz von 9 bzw. 11 bzw. 8, wobei jeweils zu dem Ergebnis 10 addiert wird.)

39 1560. (Die unteren Zahlen erhält man, wenn man die oberen Zahlen mal 8 nimmt, diese Zahl dann quadriert und von dem Zwischenergebnis die obere Zahl mal 8 wieder abzieht; 5 mal 8 = 40, 40 mal 40 = 1600, 1600 – [5 mal 8] = 1560.)

40 216. (Die Zahlen außerhalb der Dreiecke sind fast Quadratzahlen; $848 = 29^2 + 7$, $967 = 31^2 + 6$, $489 = 22^2 + 5$. Diese Zahlen, 5, 6 und 7 miteinander malgenommen, ergeben die innere Zahl. $680 = 26^2 + 4$, $738 = 27^2 + 9$, $582 = 24^2 + 6$. Die innere Zahl ist 4 mal 9 mal 6 = 216.)

Test sechs

1 1. (Es gibt drei Formen für die innere Figur und drei Formen für die äußere Figur, wobei jede Form in jeder Zeile nur einmal vorkommt.)
2 V. (Es werden jedesmal drei Buchstaben übersprungen.)
3 NELSON. (Ein Admiral unter Generalen.)
4 20. (Die Zahlen werden abwechselnd verdoppelt und vier abgezogen bzw. halbiert und 4 dazugezählt.)
5 RIKSCHA. (Eine Rikscha ist ein Landfahrzeug, die anderen Wasserfahrzeuge.)
6 FAULTIER. (Die Fabeltiere sind Drachen, Werwolf und Greif.)
7 RUF. (Das Wort in der Klammer ist den beiden Wörtern außerhalb der Klammer synonym.)
8 SO.
9 8. (Einander gegenüberliegende Zahlen gehören zusammen, wobei eine immer doppelt so groß ist wie die andere.)
10 6. (Die Kästchen rücken jeweils um eine Stelle nach unten.)
11 ZUG. (Das Wort in der Klammer kann dem Wort vor der Klammer angehängt werden und dem Wort hinter der Klammer vorangestellt werden.)
12 3. (Der Punkt ist eine Vierteldrehung im Uhrzeigersinn von der schwarzen Fläche entfernt, außer in Figur 3.)
13 DIE LETZTE. (Die Differenz der beiden Zahlen ist 1, 2, 3 und 4; in der letzten Kombination sollte sie 5 sein, ist aber 6.)
14 AUCH oder EBEN oder ASSE.
15 T. (Die Buchstaben in der dritten Spalte sind von den Buchstaben in der zweiten Spalte doppelt so weit entfernt wie diese von den Buchstaben in der ersten Spalte.)
16 17. (Die oberen Zahlen wachsen um 4 an, die mittleren um 5, die unteren um 6.)
17 REGE. (Die anderen Wörter bestehen nur aus Buchstaben des Wortes «Eingedenk».)
18 TOR.
19 2. (Es gibt drei Kopfformen, drei Nasenformen; entweder ein oder zwei oder drei Haare.)
20 ATHEN. (Chicago, Boston und Washington liegen in USA.)
21 7. (Die oberen Zahlen werden zusammengezählt und durch 3 geteilt; $16 + 5 = 21; 21 : 3 = 7$).
22 3. (Sie enthält keine senkrechte Linie bzw. keinen rechten Winkel.)
23 LIEB. (Das Wort wird aus den viertletzten und drittletzten Buchstaben der Wörter außerhalb der Klammer gebildet.)
24 FAHRT.
25 4. (Figuren, deren Außenlinien gerade sind, haben eine gebogene Innen-

linie, Figuren, deren Außenlinien gebogen sind, haben eine gerade Innenlinie, mit Ausnahme der Figur 4.)

26 ALBATROS. (Ratte, Tiger, Elefant und Jaguar haben jeweils vier Beine.)

27 350. (Die Zahlen außerhalb der Klammer werden zusammengezählt und halbiert.)

28 422. (Alle anderen Zahlen sind durch 9 bzw. 3 teilbar.)

29 RAST.

30 DACH. (Die Zahlen stehen für die ersten Buchstaben des Alphabets. Ersetzt man die Zahlen mit den entsprechenden Buchstaben und liest von hinten nach vorn, erhält man das gesuchte Wort.)

31 22. (Die Zahl in der ersten Spalte wird mit der Zahl in der zweiten Spalte multipliziert, von dem Zwischenergebnis wird die Zahl in der zweiten Spalte abgezogen.)

32 1. (Es gibt drei verschiedene Innenfiguren, drei verschiedene Außenfiguren, drei verschiedene Rahmen.)

33 LAUFGITTER. (Es hat nicht vier Beine.)

34 4. (Die linke Zahl mal die rechte Zahl, dividiert durch die untere Zahl ergibt die innere Zahl.)

35 X. (Zwischen den Buchstaben der dritten Spalte und der zweiten Spalte liegen doppelt so viele Buchstaben wie zwischen den Buchstaben der zweiten und der ersten Spalte.)

36 78. (Die anderen Zahlen sind Quadratzahlen.)

37 Z. (Die Buchstaben der unteren Reihe sind von den Buchstaben der oberen Reihe 4, 6, 8 und 10 Stellen entfernt.)

38 67. (Die Zahlen werden verdoppelt und 1 bzw. 2 bzw. 3 bzw. 4 bzw. 5 addiert.)

39 KOLUMBUS. (Schreibt man die Ziffern 0 bis 9 unter die ersten zehn Buchstaben des Alphabets und ordnet sie so einander zu, dann erhält man für BAGG 1066, das Jahr der Schlacht von Hastings, die mit dem Namen Wilhelm der Eroberer verknüpft ist. BEJC ergibt 1492, das Jahr, in dem Kolumbus Amerika entdeckte.)

40 1152. (Die untere Zahl wird mit dem Quadrat der linken Zahl multipliziert und durch die rechte Zahl dividiert.)

Test sieben

1 F. (Es werden immer zwei Buchstaben des Alphabets übersprungen; die Reihe läuft rückwärts.)
2 SOKRATES. (Ein Philosoph unter Komponisten.)
3 FALL. (Das Wort in der Klammer ist den beiden Wörtern außerhalb der Klammer synonym.)
4 RIO DE JANEIRO. (Rio liegt als einzige Stadt auf der südlichen Halbkugel.)
5 BISON. (Er ist größer als der Leopard, als der Esel, der Skunk, das Zebra und das Wiesel.)
6 RAT.
7 5. (Die schwarze Fläche rotiert jeweils um 90 Grad.)
8 16. (Die Zahlen gehen 2 rauf, 3 runter, 4 rauf, 5 runter.)
9 39. (Die Zahlen werden verdoppelt und 1, 2, 3, 4 bzw. 5 abgezogen.)
10 4. (Es gibt drei verschiedene Spiralgrößen; die Spirale der dritten Spalte fängt in derselben Höhe an wie die der ersten Spalte.)
11 256. (Die Zahlen der oberen Reihe werden verdoppelt, die der unteren Reihe quadriert.)
12 X. (Die Buchstaben sind jeweils die dritten Buchstaben nach einem Vokal; der dritte Buchstabe nach dem U ist das X.)
13 5 und 6. (Der Stern rotiert im Uhrzeigersinn, die kleinen Außenfiguren gegen den Uhrzeigersinn; die Figuren 5 und 6 sind vertauscht.)
14 ALL oder EIN oder UND oder ACH.
15 MEER. (Das Wort in der Klammer kann an das Wort vor der Klammer angehängt und dem Wort hinter der Klammer vorangestellt werden.)
16 5. (Durch Addition der Zahlen der ersten beiden Zeilen und Subtraktion der Zahl 1 erhält man die Zahlen der unteren Zeile.)
17 1. (Die Zahl der Räder und die Anzahl der Fenster variiert.)
18 33. (Die Zahlen der ersten Spalte werden zu der verdoppelten Zahl der letzten Spalte gezählt, um die Zahlen der zweiten Spalte zu ergeben; $13 + [2 \text{ mal } 10] = 33$.)
19 BALL. (Diesem Wort kann ebenso wie den Wörtern der oberen Zeile das Wort Wasser angehängt werden.)
20 LAU.
21 SKILAUF. (Rugby, Polo und Handball sind Mannschaftsspiele.)
22 26. (Die obere und die untere Zahl werden zusammengezählt und davon die rechte und die linke Zahl abgezogen.)
23 2. (Sie enthält keinen rechten Winkel und umschließt keine Fläche.)
24 3. (Diese Figur enthält als einzige eine gebogene Linie.)
25 MASSIV. (Das Wort in der Klammer ist den beiden Wörtern außerhalb der Klammer synonym.)

26 HERB. (Der zweite und der erste Buchstabe des ersten und des zweiten Wortes bilden in dieser Reihenfolge das gesuchte Wort.)

27 AST.

28

15
O

(Die Zahlen wachsen jeweils um 4 an; die Buchstaben stehen an der Stelle im Alphabet, die die Zahl oben angibt; O ist der 15. Buchstabe des Alphabets.)

29 662. (Die Zahlen außerhalb der Klammer werden zusammengezählt und verdoppelt.)

30 UNTER.

31 X. (Es gibt zwei alternierende Reihen, die mit dem C bzw. mit dem O anfangen; in jeder Reihe werden jeweils zwei Buchstaben übersprungen.)

32 75. (Man erhält die Zahlen, wenn man von der vorhergehenden Zahl 2, 3, 4 bzw. 5 abzieht und die dann erhaltene Zahl mit 2, 3, 4 bzw. 5 multipliziert.)

33 197. (197 ist keine Quadratzahl.)

34 24. (Die Summe der Zahlen der ersten beiden Spalten wird von ihrem Produkt abgezogen; 6 mal 6 = 36, 36 — 12 = 24.)

35 UNIFORM. (In diesem Wort sind der erste und der letzte Vokal nicht identisch.)

36 4. (Der kleine Kreis hat drei verschiedene Positionen; die auf der Grundfläche des Rechtecks sitzende Innenfigur hat drei Formen; sie kann entweder schwarz sein oder weiß oder schraffiert.)

37 ZUG.

38 39. (Die Zahlen wachsen einmal um 5 an und nehmen dann um 2 ab.)

39 25. (Die Zahlen links und oben miteinander multipliziert ergeben die Hälfte des Quadrats der rechten Zahl; 40 mal 40 = 1600, 1600 : 2 = 800, 800 : 32 = 25.)

40 G; auch die Antwort 2 ist noch zulässig. Zahlen und Buchstaben gehören wie folgt zusammen:

A	B	C	D	E	F	G	H	I	J
4	6	9	1	5	8	2	7	0	3

Test acht

1 G. (Die Reihe geht rückwärts; es werden immer drei Buchstaben übersprungen.)
2 AUGUST. (Dieser Monatsname enthält kein r.)
3 21. (Jede Zahl ist die Hälfte der vorhergehenden plus 10.)
4 2. (Die dicke schwarze Linie rotiert um 90 Grad.)
5 SCHLITTEN. (Er hat keine Räder wie das Taxi, das Moped, das Fahrrad und die Kutsche.)
6 LOCKEN.
7 RADE.
8 SCHWEDEN. (Es ist ein Königreich. Es hat keine gemeinsamen Grenzen mit einem der anderen erwähnten Länder.)
9 35. (Die Zahlen werden verdoppelt und 3 abgezogen.)
10 6. (Der kleine Teil der oberen Figur und der große Teil der mittleren Figur bilden die untere Figur; die Schraffierung wechselt.)
11 F + LIEGE = FLIEGE.
12 L. (Die Buchstaben in der zweiten Spalte sind 3 bzw. 2 bzw. 4 Stellen im Alphabet vorwärts von den Buchstaben der ersten Spalte entfernt; die Buchstaben der dritten Spalte sind von den Buchstaben der zweiten Spalte doppelt so weit entfernt wie diese von den Buchstaben der ersten Spalte, aber in der anderen Richtung.)
13 47. (Die obere Zahl wird halbiert und die linke dazugezählt.)
14 OST.
15 4. (1 und 5 sowie 2 und 3 bilden Paare. Sie sind um 180 Grad rotiert; schwarze Flächen werden weiß und umgekehrt.)
16 4. (Die Differenz der Zahlen der beiden ersten Spalten wird quadriert.)
17 1. (Es gibt drei verschiedene Körperformen; der Körper kann weiß, schwarz oder schraffiert sein.)
18 MADRID. (Florenz, Pisa und Mailand heißen die anderen Städte.)
19 STEUER. (Den vier Wörtern kann das Wort „Mann" angehängt werden.)
20 LANZE.
21 35. (Die drei Zahlen außerhalb werden miteinander multipliziert und dann durch 2 geteilt.)
22 3. (Die Figur umschließt mehr als vier Flächen.)
23 219. (Die Zahl in der Klammer ist das Dreifache der Differenz der Zahlen außerhalb der Klammer.)
24 WETTER.
25 1. (Der große Zeiger rückt jeweils 5 min zurück, der kleine rückt jeweils 2 Stunden vor.)
26 G. (Von hinten gelesen ergeben sich die Wörter «Furt», «Turm» und «Gurt».)

27 15. (Es gibt zwei alternierende Reihen, die beide erst um 2, dann um 3 und um 4 ansteigen.)

28 | P |
| --- |
| K |

(Die oberen Buchstaben sind wie die unteren jeweils vier Stellen voneinander entfernt, die obere Reihe vorwärts, die untere rückwärts.)

29 KATE. (Der drittletzte und der zweitletzte Buchstabe des Wortes vor der Klammer und dieselben Buchstaben des Wortes hinter der Klammer ergeben in dieser Reihenfolge das gesuchte Wort.)

30 FORM.

31 381. (Diese Zahl ist wie die oberen drei durch 3 teilbar.)

32 2. (Bei der gesuchten Figur muß das innere Dreieck schraffiert sein, der Strich an ihm muß nach unten weisen.)

33 27. (Die obere und die untere Zahl miteinander multipliziert und durch 4 geteilt ergibt die mittlere Zahl.)

34 WIRT. (Diesen vier Wörtern kann das Wort «Land» vorangestellt werden.)

35 408. (Die Zahl in der Klammer ist doppelt so groß wie die Differenz der beiden Zahlen außerhalb der Klammer.)

36 9. (9 ist keine Primzahl.)

37 AULNOTRELN. (Man beginnt mit dem zweiten Buchstaben eines jeden Wortes und liest jeden zweiten Buchstaben; es ergibt sich dann: hoch ist zu tief wie oben zu unten.)

38 36. (Die Zahlen werden abwechselnd mit 3 multipliziert und durch 2 dividiert.)

39 BIN.

40 29. (Es gibt zwei alternierende Reihen; die erste beginnt mit 260 und wird gebildet, indem 4 abgezogen wird und dieses Zwischenergebnis halbiert wird; die zweite Reihe beginnt mit 216 und wird durch Halbierung gebildet.)

So rechnen Sie Ihren Intelligenzquotienten aus

Sehen Sie Aufgabe für Aufgabe sorgfältig durch, und vergleichen Sie die von Ihnen gefundene Lösung mit den abgedruckten Lösungen. Die Anzahl der in einem Test gelösten Aufgaben – den sogenannten Rohwert – tragen Sie nun auf der Horizontalen in dem entsprechenden Diagramm auf den folgenden Seiten ein. Von diesem Punkt aus ziehen Sie eine Senkrechte zur Diagonalen. Wenn Sie nun diesen Schnittpunkt mit der IQ-Achse durch eine Waagerechte verbinden, erhalten Sie Ihren Intelligenzquotienten.

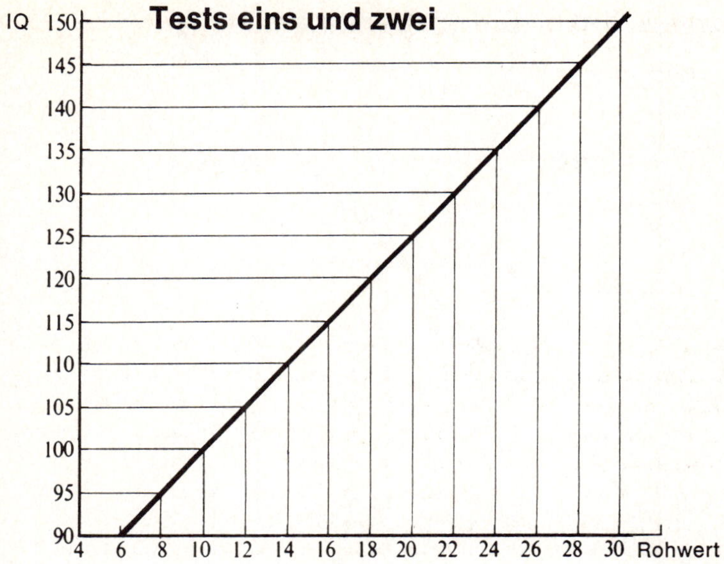
Tests eins und zwei
IQ
150
145
140
135
130
125
120
115
110
105
100
95
90
4
6
8
10
12
14
16
18
20
22
24
26
28
30
Rohwert

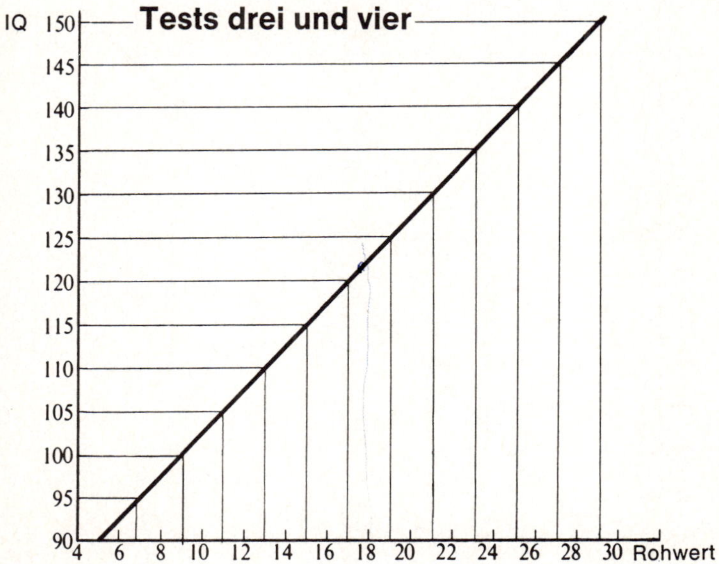
Tests drei und vier
IQ
150
145
140
135
130
125
120
115
110
105
100
95
90
4
6
8
10
12
14
16
18
20
22
24
26
28
30
Rohwert

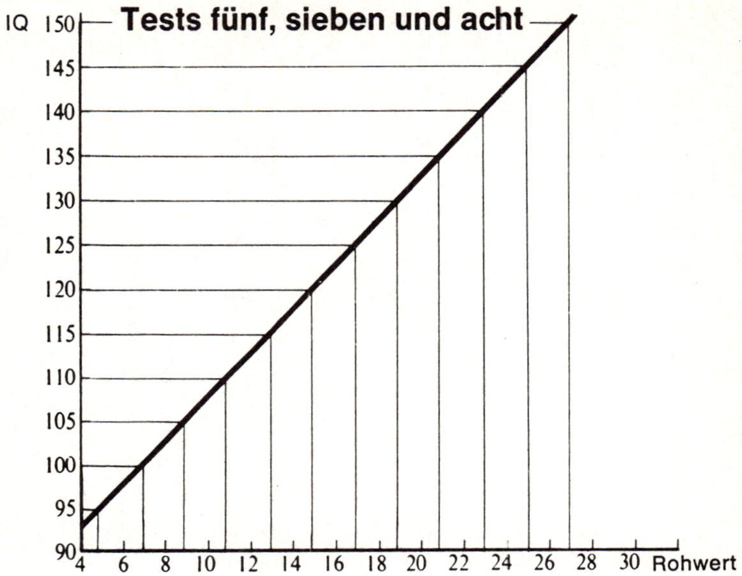
Tests fünf, sieben und acht
IQ
150
145
140
135
130
125
120
115
110
105
100
95
90
4
6
8
10
12
14
16
18
20
22
24
26
28
30
Rohwert

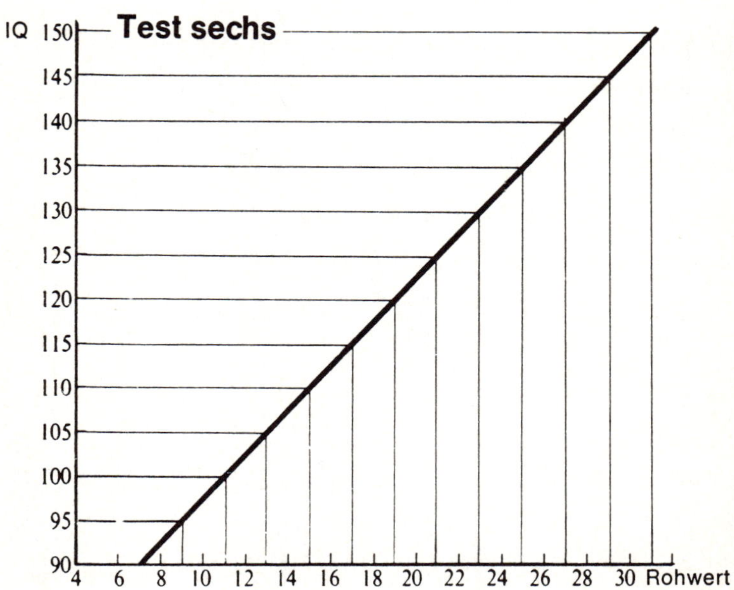
Test sechs
IQ
150
145
140
135
130
125
120
115
110
105
100
95
90
4
6
8
10
12
14
16
18
20
22
24
26
28
30
Rohwert